Sylvia Gunter & Arthur Burk
wachsen und gedeihen

Lobt den Herrn, ihr mächtigen Engel,
preist Seine Grösse und Macht!
Ehrt Seinen herrlichen Namen!

Der Herr bleibt König in Ewigkeit.
Psalm 29

Katrin & Simeon Koch
2011, von Anneti

Sylvia Gunter & Arthur Burk

wachsen
und gedeihen

Blessing your Spirit
ins Deutsche übertragen

Sapphire Leadership Group Inc.

Titel der Originalausgabe
Blessing your Spirit by Sylvia Gunter and Arthur Burk

Published by The Father's Business - © 2005 All rights reserved
P.O. Box 380333, Birmingham, AL 35238-0333

Available from
Sapphire Leadership Group Inc. • www.TheSLG.com
2367 W. La Palma Avenue • Anaheim, CA 92801 • USA

12. Auflage der Originalausgabe Mai 2011
Das Buch wurde bisher in Spanisch, Afrikaans, Norwegisch und Deutsch übersetzt.

———————

1. Auflage Juli 2011
© der deutschen Ausgabe 2011 Arthur Burk

Erhältlich bei:
www.SapphireEurope.ch • Email: Freunde@SapphireEurope.ch

ISBN 978-1-931640-06-0

Die Bibelzitate in diesem Buch sind folgenden Übersetzungen entnommen:
Elberfelder Bibel, revidierte Fassung 2008
Luther Bibel, revidierte Fassung 1984
Schlachter Bibel, revidierte Fassung 2000

Übersetzung: Sapphire Europe Team
Umschlag und Layout: Hanna Scheidegger
Druck und Bindung: Publikation Digital AG, Obergerlafingen - www.publikation-digital.com

Gedruckt in der Schweiz

Inhalt

Mit den Namen Gottes segnen

Einleitung

Meine Reise mit Gott

Über die Jahre hatte ich viele Freunde, deren Eltern von Alzheimer betroffen waren, getröstet und ermutigt. Alzheimer war deshalb ein vertrauter Begriff für mich geworden.

Als ich jedoch begann, in einem Team mitzuarbeiten, das jeden Sonntag in einer Einrichtung für Alzheimer-Patienten diente, bekam die Krankheit eine ganz andere Dimension für mich. Ich realisierte, dass ich die Krankheit überhaupt nicht kannte. Der anfängliche Schock sass tief und es beunruhigte mich sehr, einen ganzen Raum voll Menschen zu sehen, die in ihren Rollstühlen angeschnallt waren und kaum irgendwelche Reaktionen zeigten. Doch mit der Zeit überwand ich diesen Ersteindruck und begann die Menschen als einzelne Persönlichkeiten wahrzunehmen.

Es war dort, in dieser eigenartigen Umgebung, als ich zum ersten Mal mit dem menschlichen Geist konfrontiert wurde. Ich bemerkte, dass Patienten, die einen geistlichen Hintergrund haben, anders auf die alten Glaubenslieder reagieren, die wir ihnen singen. Unabhängig davon, wie pflegebedürftig und unansprechbar diese Menschen normalerweise sind, wir machten die konstante Erfahrung, dass sich ihre Gesichter verändern und erhellen, sobald wir die klassischen alten Chorusse singen. Es war erstaunlich, denn nichts von dem, was wir sonst taten, bewirkte irgendeine Reaktion.

Damals hatte ich keine Erklärung dafür. Heute verstehen wir, dass die menschliche Seele auf die Hirnfunktionen angewiesen ist, um sich ausdrücken und funktionieren zu können. Da die Alzheimer-Krankheit das Gehirn der Menschen angegriffen hatte, war die Seele blockiert und konnte weder agieren noch reagieren. Der Geist des Menschen ist jedoch auch dann noch voll funktionsfähig, wenn die Gehirnfunktionen limitiert sind, und so konnten diese Menschen mit ihrem Geist auf die geistliche Nahrung reagieren.

Erstaunlich!

Da ich im christlichen Glauben erzogen worden bin, hatte ich keinen Konflikt mit dem menschlichen Geist. Ich wusste, dass Gott den Menschen mit Geist, Seele und Leib geschaffen hat. Das schien mir ein logisches Konzept zu sein, doch gleichzeitig war es für mich auch ziemlich unbedeutend. Über Jahrzehnte hinweg machte ich mir weder Gedanken darüber, wie sich meine Seele von meinem Geist unterschied, noch wie sich dieser Unterschied auf meine Lebensgestaltung auswirken könnte oder müsste.

Dann lenkte Gott meine Aufmerksamkeit auf 1. Thessalonicher 5,23: *„Möge euer Geist und Seele und Leib untadelig bewahrt werden ... "* Das ist kein polarisierender Vers. Ich kannte ihn seit Jahren aber hatte ihn bisher nicht sonderlich beachtet. Nun endlich sah ich, dass dies einer der am meisten falsch zitierten Verse der ganzen Bibel ist. In meiner Kultur sprechen die Leute normalerweise von „Leib, Seele und Geist". Wir haben Gottes Reihenfolge völlig umgedreht.

Diese Entdeckung führte schliesslich zu einem ganzen Bündel neuer Einsichten darüber, wie wir ein Kind im Mutterleib nähren können. Gott möchte, dass der Geist des Kindes als erstes – noch vor der Seele – genährt wird. Was für eine einfache, doch tiefe Erkenntnis!

So oft kümmern wir uns fast ausschliesslich um die körperliche Entwicklung des Kindes im Mutterleib. In den ersten fünf Lebensjahren konzentrieren wir uns vor allem auf die seelische Entwicklung des Kindes und häufig unterrichten wir ein Kind erst dann in geistlichen Dingen, wenn es sprechen, lesen und schreiben kann.

Später wundern wir uns, warum der Geist eines Erwachsenen nur die Grösse eines Strichmännchens hat, seine Seele hingegen die eines Sumoringers.

Gott möchte, dass unser Geist vor unserer Seele genährt und gepflegt wird. Das ist die Reihenfolge, die wir in 1. Thessalonicher 5,23 sehen. Mit diesem Verständnis begann ich den Geist eines Babys im Mutterleib während acht Monaten einmal pro Woche mit Bibelversen über Freude zu segnen. Als Melanie dann auf die Welt kam, unterschied sie sich extrem von den Neugeborenen, die ich bis dahin gesehen hatte. Das Segnen ihres Geistes hatte einen riesigen sichtbaren Unterschied gemacht.

Das Rüstzeug, den Geist eines Kindes bereits im Mutterleib zu segnen, hat in den letzten Jahren buchstäblich für zehntausende von Babys einen Unterschied gemacht. Es wurde zu einem Meilenstein und hat seither unsere Kindererziehung grundlegend verändert.

Von da führte uns Gott einen Schritt weiter und zeigte uns, wie wir den Geist eines Erwachsenen spezifisch nähren und segnen können, da die wenigsten von uns dies bereits im Mutterleib erlebt haben.

Es war ein ziemlicher Schock, als wir feststellen mussten, dass viele unserer geistlichen Übungen zwar sehr gut und hilfreich sind, wir damit aber nur unserer Seele wohl tun, jedoch nicht unseren Geist nähren und stärken. Es ist natürlich keineswegs falsch, unsere Seele mit den Dingen Gottes zu nähren, doch unsere tiefste Lebenserfüllung erleben wir erst, wenn unser Geist stark und voller Leben ist. Dementsprechend mussten wir unser Vorgehen etwas anpassen, um auch unseren Geist in wirksamer Weise zu stärken und zu nähren.

Dass ich Ihnen nun dieses Rüstzeug in deutscher Sprache überreichen kann, erfüllt mich mit grosser Freude und tiefer Ehrfurcht Gott gegenüber, der mich auf diese Entdeckungsreise geführt hat. Mögen Sie die Lebensfülle erfahren, die davon kommt, dass Ihr Geist robust und gesund ist und ihr Leben leitet.

Arthur Burk,
Anaheim, Kalifornien, 4. Juli 2011

Anleitung zur Handhabung dieses Buches

Dieses Buch ist keine Geschichte, die man lesen könnte, sondern ein Werkzeug, das benutzt werden will. Hier finden Sie einige Möglichkeiten, die für diejenigen hilfreich waren, die das Buch in Englisch, Spanisch, Norwegisch oder Afrikaans benutzt haben.

Finden Sie ein Gegenüber

Am einen Tag lassen Sie sich von Ihrem Gegenüber einen Segen zusprechen. Am nächsten Tag tauschen Sie die Rollen, dann segnen Sie den Geist ihres Gebetspartners.

Es ist am besten, man konzentriert sich am einen Tag nur darauf, den Segen zu empfangen und lässt sich genug Zeit, von der Botschaft des jeweiligen Segens ganz durchdrungen zu werden. Am nächsten Tag können Sie dann die gebende Person sein und Ihr Gegenüber die empfangende.

Die Segnungen haben die grösste Wirkung, wenn Sie diese Ihrem Gegenüber von Angesicht zu Angesicht zusprechen, doch oft ist dies nicht möglich. Fühlen Sie sich also frei, einer Person den Segen wenn nötig auch übers Telefon zuzusprechen.

Gehen Sie langsam vor

Wenn Ihr Gegenüber Ihnen diese Segen zuspricht, werden Sie bald feststellen, dass einige eine tiefere Wirkung zeigen als andere. Wenn Ihr Geist in besonderem Masse auf einen Segen reagiert, lassen Sie sich diesen auch beim nächsten Mal wieder vorlesen.

Wiederholen Sie diesen Segen immer wieder, jeden Tag aufs Neue. Ihr geistlicher Hunger gleicht dem leiblichen Hunger. Sie werden es spüren, wenn Ihr Geist mit diesem Segen gesättigt ist und Sie zum nächsten gehen können.

Seien Sie kreativ und entwickeln Sie Ihren eigenen Stil

Die Segnungen in diesem Buch sollen weder Ihre beste noch Ihre einzige Quelle sein! Vielmehr sollen die Texte Ihnen als Model dienen und zeigen, wie man selbst einen Segen zusammenstellen kann. Nachdem Sie das Buch einmal durchgegangen sind, sollten Sie damit beginnen, Ihre eigenen Segnungen für die Menschen, denen Sie dienen, zu entwickeln.

Finden Sie einen Bibelvers, der Ihren Geist anspricht und sinnen Sie einen oder mehrere Tage darüber nach, bis Sie Worte dazu finden. Formulieren Sie dann einen Segen daraus und teilen Sie diesen mit jemandem. Sie sind dazu geschaffen und berufen, andere Menschen zu segnen. Dies ist Teil der Berufung Ihres menschlichen Geistes. Darum lassen Sie dieses Buch nicht zu Ihrer Krücke werden. Lassen Sie sich vielmehr anspornen und inspirieren, Ihre Bestimmung zu ergreifen!

Arthur Burk

Teil 1

Der menschliche Geist – Bibelstellen

Als ich im Jahr 2005 begann, darüber zu lehren, wie wir dem Geist des Menschen dienen können, befanden wir uns noch ganz am Anfang einer Versuchs- und Experimentierphase.

Heute, im Jahr 2011, sehen wir, dass aus den experimentellen Anfängen ein Werkzeug geworden ist, das weltweit bereits von Hunderttausenden in den unterschiedlichsten Prägungen des Leibes Christi in wirksamer Weise eingesetzt wird.

Der Dienst am menschlichen Geist ist nicht mehr länger nur ein hoffnungsvoller Versuch. Wir wissen inzwischen, dass das Segnen und Stärken des menschlichen Geistes tiefgreifende Auswirkungen im Leben eines Menschen hat.

Obwohl es eine grosse Vielfalt gibt, wie dem menschlichen Geist gedient werden kann, haben sich bisher drei Kerngedanken herauskristallisiert:

1. Der menschliche Geist unterscheidet sich eindeutig von der menschlichen Seele und vom Heiligen Geist.

2. Unser Geist wächst nicht automatisch. Er braucht zielgerichtete Förderung und Nahrung, um wachsen und die in ihm angelegten Schätze zur Entfaltung bringen zu können.

3. Um den menschlichen Geist zu fördern, hat es sich als sehr wirksam erwiesen, den Geist des betreffenden Menschen direkt anzusprechen.

Nur, die Tatsache, dass diese drei Konzepte beglaubigt und inzwischen allgemein anerkannt sind, bedeutet noch lange nicht, dass dieses Thema abschliessend behandelt ist. Ganz im Gegenteil! Es bleiben noch immer unzählige offene Fragen, welche nach einer gründlichen Auseinandersetzung mit dem Thema und nach intensivem Bibelstudium verlangen.

Da es sich um ein so grosses Thema handelt, kann es gut sein, dass es weitere 50 Jahre braucht, bis wir zu einem ausgewogenen Verständnis und einer ganzheitlichen Lehre über den menschlichen Geist gelangen.

Ich möchte hier mit aller Deutlichkeit festhalten: Obwohl ich in dieser Generation bisher eine der führenden Stimmen zur Thematik des menschlichen Geistes war, hege ich weder den Wunsch noch den Anspruch, die abschliessende Autorität zu diesem Thema zu werden. Der Leib Christi muss die Verantwortung gemeinsam tragen und Gottes Wort erforschen, damit wir die potentiellen Strategien und Wege entwickeln können, wie wir unseren menschlichen Geist in seinem Wachstum am besten unterstützen. Ebenso müssen auch die Grenzen einer angemessenen Vorgehensweise ganz klar definiert werden.

Während wir dieses Thema weiter vorantreiben und erforschen, habe ich ein schlichtes Anliegen: **Lassen Sie uns unsere Methoden stets auf das Wort Gottes gründen, anstatt auf unsere Erfahrungen zu bauen und diese zum Massstab zu machen!**

Sie finden hier eine lange Liste mit Bibelversen, die sich auf den Geist des Menschen beziehen. Noch fehlt uns eine umfassende Lehre über den menschlichen Geist. Darum lade ich Sie ein, als Erstes die Bibel zu studieren und einen Rahmen zu entwickeln, in dem Sie sich wohl fühlen, bevor Sie meine Wege und Methoden übernehmen.

Es würde mich überaus erfreuen, wenn Sie meinen Teil dieses Buches erst lesen würden, nachdem Sie sich ein Jahr lang nur mit dem Wort Gottes befasst haben, um gründlich und sorgfältig zu Ihrer eigenen Erkenntnis über den menschlichen Geist zu finden. Danach können wir unsere Einsichten und Erfahrungen austauschen.

Arthur Burk

Einige Eigenschaften
Beispiele aus dem Alten Testament

Wo nicht anders vermerkt, sind die Bibeltexte im Teil 1 der Revidierten Elberfelder Bibel 2008 entnommen. Andere Übersetzungen ist wie folgt gekennzeichnet: Luther 1984(L), Schlachter 2000 (SLT)

Aussergewöhnlich, überragend
Und zwar deshalb, weil ein aussergewöhnlicher Geist und Erkenntnis und Einsicht, Träume zu deuten, Rätsel zu erklären und Knoten zu lösen, bei ihm gefunden wurde, bei Daniel, dem der König den Namen Beltschazar gegeben hat. Deshalb lass jetzt Daniel rufen! Und er wird die Deutung kundtun.   Daniel 5,12

Daniel aber übertraf alle Fürsten und Statthalter, denn es war ein überragender Geist in ihm. Darum dachte der König daran, ihn über das ganze Königreich zu setzen.   Daniel 6,3 (L)

Bedrängt
So will auch ich meinen Mund nicht zurückhalten, will reden in der Bedrängnis meines Geistes, will klagen in der Verbitterung meiner Seele.   Hiob 7,11

Beherrscht
Besser ein Langmütiger als ein Held, und besser, wer seinen Geist beherrscht, als wer eine Stadt erobert.   Sprüche 16,32

Bekümmert
Denn wie eine verlassene und im Geist bekümmerte Frau wird der Herr dich rufen, wie die Frau der Jugendzeit, wenn sie verstossen ist, spricht dein Gott.   Jesaja 54,6 (SLT)

Mir, Daniel, wurde mein Geist tief in meinem Innern bekümmert, und die Visionen meines Hauptes erschreckten mich.   Daniel 7,15

Belebt

Denn so spricht der Hohe und Erhabene, der in Ewigkeit wohnt und dessen Name der Heilige ist: In der Höhe und im Heiligen wohne ich und bei dem, der zerschlagenen und gebeugten Geistes ist, um zu beleben den Geist der Gebeugten und zu beleben das Herz der Zerschlagenen. Jesaja 57,15

Besonnen

Wer seine Worte zügelt, besitzt Erkenntnis; und wer kühlen Geist bewahrt, ist ein verständiger Mann. Sprüche 17,27

Bescheiden, demütig

Besser bescheiden [Anmerkung Elberfelder: *niedrigen Geistes*] *sein mit Demütigen, als Beute teilen mit Hochmütigen.* Sprüche 16,19

Der Hochmut eines Menschen erniedrigt ihn; der Demütige [Anmerkung Elberfelder: *der mit niedrigem Geist*] *aber erlangt Ehre.* Sprüche 29,23

Denn so spricht der Hohe und Erhabene, der ewig wohnt, dessen Name heilig ist: Ich wohne in der Höhe und im Heiligtum und bei denen, die zerschlagenen und demütigen Geistes sind, auf dass ich erquicke den Geist der Gedemütigten und das Herz der Zerschlagenen. Jesaja 57,15 (L)

Betrübt, unglücklich

Aber Hanna antwortete und sagte: Nein, mein Herr! Ich bin nichts anderes als eine Frau mit beschwertem Geist. Wein und Rauschgetränk habe ich nicht getrunken, sondern ich habe meine Seele vor dem Herrn ausgeschüttet. 1. Samuel 1,15

Beunruhigt

Und im zweiten Jahr der Regierung Nebukadnezars hatte Nebukadnezar Träume, so dass sein Geist beunruhigt wurde und sein Schlaf für ihn dahin war. Daniel 2,1

Und der König sprach zu ihnen: Ich habe einen Traum gehabt, und mein Geist ist beunruhigt, den Traum zu verstehen. Daniel 2,3

Beunruhigt

Ich, Daniel, wurde deshalb in meinem Geist zutiefst beunruhigt, und die Gesichte meines Hauptes ängstigten mich. Daniel 7,15 (SLT)

Erregt, erweckt

Da erweckte der Gott Israels den Geist Puls, des Königs von Assur. 1. Chronik 5,26

Und der Herr erweckte gegen Joram den Geist der Philister und der Araber, die neben den Kuschitern wohnen. 2. Chronik 21,16

Und im ersten Jahr des Kyrus, des Königs von Persien, damit das Wort des Herrn durch den Mund Jeremias erfüllt würde, erweckte der Herr den Geist des Kyrus, des Königs von Persien. Und er liess einen Aufruf ergehen durch sein ganzes Königreich und auch schriftlich bekannt machen. 2. Chronik 36,22

Und im ersten Jahr des Kyrus, des Königs von Persien, erweckte der Herr, damit das Wort des Herrn aus dem Mund Jeremias erfüllt würde, den Geist des Kyrus, des Königs von Persien, dass er durch sein ganzes Reich einen Ruf ergehen ließ, und zwar auch schriftlich … Esra 1,1

Da machten sich die Familienoberhäupter von Juda und Benjamin auf und die Priester und die Leviten, jeder, dessen Geist Gott erweckte, hinaufzuziehen, um das Haus des Herrn in Jerusalem zu bauen. Esra 1,5

Und der Geist hob mich empor und nahm mich hinweg; und ich fuhr dahin, erbittert in der Erregung meines Geistes; und die Hand des Herrn war hart auf mir. Hesekiel 3,14

Und der Herr erweckte den Geist Serubbabels, des Sohnes Schealtiëls, des Statthalters von Juda, und den Geist Jeschuas, des Sohnes Jozadaks, des Hohenpriesters, und den Geist des ganzen Restes des Volkes, so dass sie kamen und sich an die Arbeit am Haus des Herrn der Heerscharen, ihres Gottes, machten … Haggai 1,14

Forschend, wissbegierig

Ich sann nach des Nachts; in meinem Herzen überlegte ich, und es forschte mein Geist.

Psalm 77,6

Gebildet und geformt von Gott

Ausspruch, Wort des Herrn über Israel. Es spricht der Herr, der den Himmel ausspannt und die Grundmauern der Erde legt und den Geist des Menschen in seinem Inneren bildet...

Sacharja 12,1

Individuell, unterschiedlich, verschiedenartig

Aber meinen Knecht Kaleb – weil ein anderer Geist in ihm war und er mir völlig nachgefolgt ist –, ihn werde ich in das Land bringen, in das er hineinge-gangen ist; und seine Nachkommen sollen es besitzen.

4. Mose 14,24

Kann sich irren

Und die mit irrendem Geist werden Einsicht kennen, und Murrende werden Belehrung annehmen.

Jesaja 29,24

Wenn ich ein Irrgeist wäre und ein Lügenprediger und predigte, wie sie sau-fen und schwelgen sollen – das wäre ein Prediger für dies Volk!

Micha 2,11 (L)

Kommt von Gott und geht zu Gott zurück

Und der Staub kehrt zur Erde zurück, so wie er gewesen, und der Geist kehrt zu Gott zurück, der ihn gegeben hat.

Prediger 12,7

Lebendig

Herr! Ich will dich loben wegen derer, die leben und für alles, worin mein Geist lebt. Und du machst mich gesund und erhältst mich am Leben.

Jesaja 38,16

Leuchtend

Der Geist des Menschen ist eine Leuchte des Herrn, durchforscht alle Kam-mern des Leibes.

Sprüche 20,27

Missmutig

Da kam seine Frau Isebel zu ihm hinein und sagte zu ihm: Warum denn ist dein Geist missmutig, und warum isst du nichts? 1. Könige 21,5

Erneuert

Und ich werde ihnen ein Herz geben und werde einen neuen Geist in ihr Inneres geben, und ich werde das steinerne Herz aus ihrem Fleisch entfernen und ihnen ein fleischernes Herz geben, ... Hesekiel 11,19

Werft von euch alle eure Vergehen, mit denen ihr euch vergangen habt, und schafft euch ein neues Herz und einen neuen Geist! Ja, wozu wollt ihr sterben, Haus Israel? Hesekiel 18,31

Und ich werde euch ein neues Herz geben und einen neuen Geist in euer Inneres geben; und ich werde das steinerne Herz aus eurem Fleisch wegnehmen und euch ein fleischernes Herz geben. Hesekiel 36,26

Nicht treu

Damit sie nicht würden wie ihre Väter, eine widersetzliche und widerspenstige Generation, eine Generation, deren Herz nicht fest war und deren Geist nicht treu war gegen Gott... Psalm 78,8

Kann provoziert werden

Sei nicht vorschnell in deinem Geist zum Zorn, denn der Zorn ruht im Busen der Toren. Prediger 7,9

Ohne Trug sein

Glücklich der Mensch, dem der Herr die Schuld nicht zurechnet und in dessen Geist kein Trug ist! Psalm 32,2

Schwach, ermattet

Am Tag meiner Bedrängnis suchte ich den Herrn. Meine Hand war des Nachts ausgestreckt und liess nicht ab. Meine Seele weigerte sich, getröstet zu werden. Denke ich an Gott, so stöhne ich. Sinne ich nach, so verzagt mein Geist [Anmerkung Elberfelder: fühlt sich mein Geist kraftlos]. Psalm 77,3-4

Zur Zeit meiner Not suche ich den Herrn; meine Hand ist bei Nacht ausge-
streckt und ermüdet nicht, meine Seele will sich nicht trösten lassen. Denke
ich an Gott, so muss ich seufzen, sinne ich nach, so ermattet mein Geist.

Psalm 77,3-4 (SLT)

Als mein Geist in mir ermattete, da kanntest du meinen Pfad.   Psalm 142,4

Mein Geist ermattet in mir, mein Herz ist erstarrt in meinem Innern.

Psalm 143,4

Denn ich will nicht immerdar hadern und nicht ewiglich zürnen; sonst würde
ihr Geist vor mir verschmachten und der Lebensodem, den ich geschaffen habe.

Jesaja 57,16 (L)

Und es soll geschehen, wenn sie zu dir sagen: „Weswegen stöhnst du?", dann
sollst du sagen: „Wegen der kommenden Nachricht." Und jedes Herz wird
zerschmelzen, und alle Hände werden erschlaffen, und jeder Geist wird verza-
gen, und alle Knie werden von Wasser triefen. Siehe, es kommt und geschieht,
spricht der Herr, Herr.   Hesekiel 21,12

Sich vorsehen, hüten
Nicht einer hat das getan, in dem noch ein Rest von Geist war. Denn er sucht
Nachkommen, die Gott geheiligt sind. Darum so seht euch vor in eurem Geist,
und werde keiner treulos der Frau seiner Jugend. Wer ihr aber gram ist und sie
verstösst, spricht der Herr, der Gott Israels, der bedeckt mit Frevel sein Kleid,
spricht der Herr Zebaoth. Darum so seht euch vor in eurem Geist und brecht
nicht die Treue!   Maleachi 2,15-16 (L)

Und hat Er sie nicht eins gemacht, ein Überrest des Geistes für Ihn? Und wo-
nach soll das Eine trachten? Nach göttlichem Samen! So hütet euch denn in
eurem Geist, und niemand werde der Frau seiner Jugend untreu! Denn ich
hasse die Ehescheidung, spricht der Herr, der Gott Israels, und dass man sein
Gewand mit Frevel bedeckt, spricht der Herr der Heerscharen; darum hütet
euch in eurem Geist und werdet nicht untreu! Schlachter

Maleachi 2,15-16 (SLT)

Standhaft, beständig
Erschaffe mir, Gott, ein reines Herz, und erneuere in mir einen festen Geist!
Psalm 51,12

Standhaft, beständig
Schaffe in mir, Gott, ein reines Herz, und gib mir einen neuen, beständigen Geist.
Psalm 51,12 (L)

Stur, eigensinnig, hartbäckig
Aber Sihon, der König von Heschbon, wollte uns nicht bei sich durchziehen lassen. Denn der Herr, dein Gott, hatte seinen Geist verhärtet und sein Herz verstockt, damit er ihn in deine Hand gäbe, so wie es heute ist.
5. Mose 2,30

Unbeherrscht
Wie eine Stadt mit niedergerissenen Mauern, so ist ein Mann, der seinen Geist nicht beherrschen kann. Sprüche 25,28 (SLT)

Vergiftet
Denn die Pfeile des Allmächtigen sind in mir, mein Geist trinkt ihr Gift; die Schrecken Gottes greifen mich an. Hiob 6,4

Verstockt, durch Stolz verhärtet
Als aber sein Herz sich erhob und sein Geist sich bis zur Vermessenheit verstockte, wurde er vom Thron seines Königtums gestürzt, und man nahm ihm seine Majestät.
Daniel 5,20

Verzagt
... den Trauernden Zions Frieden, ihnen Kopfschmuck statt Asche zu geben, Freudenöl statt Trauer, ein Ruhmesgewand statt eines verzagten Geistes, damit sie Terebinthen der Gerechtigkeit genannt werden, eine Pflanzung des Herrn, dass er sich durch sie verherrlicht. Jesaja 61,3

Willig, motiviert
Dann kamen sie, jeder, den sein Herz willig machte. Und jeder, dessen Geist ihn

antrieb, brachte das Hebopfer des Herrn zur Arbeit am Zelt der Begegnung und für den ganzen Dienst darin und für die heiligen Kleider. 2. Mose 35,21

Lass mir wiederkehren die Freude deines Heils, und stütze mich mit einem willigen Geist! Psalm 51,14

Zerbrochen, zerschlagen, niedergeschlagen

Mein Geist ist verstört [Anmerkung Elberfelder: oder mein Lebensgeist ist vernichtet], meine Tage sind ausgelöscht, Gräber sind für mich da. Hiob 17,1

Die Opfer Gottes sind ein zerbrochener Geist; ein zerbrochenes und zerschlagenes Herz wirst du, Gott, nicht verachten. Psalm 51,19

Er demütigt den Geist der Fürsten, er ist furchtbar den Königen der Erde. Psalm 76,13

Nahe ist der Herr denen, die zerbrochenen Herzens sind, und die zerschlagenen Geistes sind, rettet er. Psalm 34,19

Gelassenheit der Zunge ist ein Baum des Lebens, aber Falschheit in ihr ist Zerbruch des Geistes. Sprüche 15,4

Eine heilsame Zunge ist ein Baum des Lebens, ist aber Verkehrtheit an ihr, verwundet sie den Geist. Sprüche 15,4 (SLT)

Ein fröhliches Herz macht das Gesicht heiter; aber beim Kummer des Herzens ist der Geist niedergeschlagen. Sprüche 15,13

Ein fröhliches Herz bringt gute Besserung, aber ein niedergeschlagener Geist dörrt das Gebein aus. Sprüche 17,22

Hat doch meine Hand dies alles gemacht, und alles dies ist geworden, spricht der Herr. Aber auf den will ich blicken: auf den Elenden und den, der zerschlagenen Geistes ist und der da zittert vor meinem Wort. Jesaja 66,2

Einige Eigenschaften
Beispiele aus dem Neuen Testament

Aufgegeben
Jesus aber schrie wieder mit lauter Stimme und gab den Geist auf.

Matthäus 27,50

Als nun Jesus den Essig genommen hatte, sprach er: Es ist vollbracht! Und er neigte das Haupt und übergab den Geist.   Johannes 19,30

Befleckt
Da wir nun diese Verheissungen haben, Geliebte, so wollen wir uns reinigen von jeder Befleckung des Fleisches und des Geistes und die Heiligkeit vollenden in der Furcht Gottes.   2. Korinther 7,1

Benommen, schläfrig
... wie geschrieben steht: „Gott hat ihnen einen Geist der Schlafsucht gegeben, Augen, um nicht zu sehen, und Ohren, um nicht zu hören, bis auf den heutigen Tag."   Römer 11,8

Brennend, eifrig, leidenschaftlich
Dieser war im Weg des Herrn unterwiesen, und, brennend im Geist, redete und lehrte er sorgfältig die Dinge von Jesus, obwohl er nur die Taufe des Johannes kannte.   Apostelgeschichte 18,25

Seid nicht träge in dem, was ihr tun sollt. Seid brennend im Geist. Dient dem Herrn.   Römer 12,11 (L)

Eins mit dem Herrn
Wer aber dem Herrn anhängt, ist ein Geist mit ihm.   1. Korinther 6,17

Erneuert
Erneuert euch aber in eurem Geist und Sinn ...   Epheser 4,23 (L)

Erquickt

Denn sie haben meinen und euren Geist erquickt. Erkennt nun solche an!

1. Korinther 16,18

Deswegen sind wir getröstet worden. Ausser unserem Trost aber freuten wir uns noch viel mehr über die Freude des Titus, denn sein Geist ist durch euch alle erquickt worden. 2. Korinther 7,13

Erschüttert, betrübt

Als Jesus dies gesagt hatte, wurde er im Geist erschüttert und bezeugte und sprach: Wahrlich, wahrlich, ich sage euch: Einer von euch wird mich überliefern. Johannes 13,21

Gerettet

… soll dieser Mensch dem Satan übergeben werden zum Verderben des Fleisches, damit der Geist gerettet werde am Tage des Herrn. 1. Korinther 5,5 (L)

Hingegeben dem Herrn

der Verheiratete aber ist um die Dinge der Welt besorgt, wie er der Frau gefallen möge, und so ist er geteilt. Die unverheiratete Frau und die Jungfrau ist für die Sache des Herrn besorgt, damit sie heilig sei an Leib und Geist; die Verheiratete aber ist für die Sache der Welt besorgt, wie sie dem Mann gefallen möge. 1. Korinther 7,33-34

Kräftig und selbstbeherrscht

Denn Gott hat uns nicht einen Geist der Furchtsamkeit gegeben, sondern der Kraft und der Liebe und der Zucht. 2. Timotheus 1,7

Kontrolliert, diszipliniert

Und die Geister der Propheten sind den Propheten untertan.

1. Korinther 14,32

Lebendig

Wenn aber Christus in euch ist, so ist der Leib zwar tot um der Sünde willen, der Geist aber ist Leben um der Gerechtigkeit willen. Römer 8,10 (L)

Sanftmütig
Was wollt ihr? Soll ich mit dem Stock zu euch kommen oder mit Liebe und sanftmütigem Geist? 1. Korinther 4,21 (L)

Unversehrt, untadelig bewahrt
Er selbst aber, der Gott des Friedens, heilige euch völlig; und vollständig möge euer Geist und Seele und Leib untadelig bewahrt werden bei der Ankunft unseres Herrn Jesus Christus! 1. Thessalonicher 5,23

Er aber, der Gott des Friedens, heilige euch durch und durch und bewahre euren Geist samt Seele und Leib unversehrt, untadelig für die Ankunft unseres Herrn Jesus Christus. 1. Thessalonicher 5,23 (L)

Kann erregt und provoziert werden
Während aber Paulus sie in Athen erwartete, wurde sein Geist in ihm erregt, da er die Stadt voll von Götzenbildern sah. Apostelgeschichte 17,16

Als aber Paulus in Athen auf sie wartete, ergrimmte sein Geist in ihm, als er die Stadt voller Götzenbilder sah. Apostelgeschichte 17,16 (L)

Ruhelos
... hatte ich keine Ruhe in meinem Geist, weil ich Titus, meinen Bruder, nicht fand, sondern ich nahm Abschied von ihnen und zog fort nach Mazedonien. 2. Korinther 2,13

Sanft, still
... sondern der verborgene Mensch des Herzens im unvergänglichen Schmuck des sanften und stillen Geistes, der vor Gott sehr köstlich ist. 1. Petrus 3,4

Tief bewegt, erschüttert
Als nun Jesus sie weinen sah und die Juden weinen, die mit ihr gekommen waren, ergrimmte er im Geist und wurde erschüttert ... Johannes 11,33

Als nun Jesus sah, wie sie weinte, und wie die Juden, die mit ihr gekommen waren, weinten, seufzte er im Geist und wurde bewegt... Johannes 11,33 (SLT)

Unterscheidet sich von der Seele

Denn das Wort Gottes ist lebendig und wirksam und schärfer als jedes zwei-schneidige Schwert und durchdringend bis zur Scheidung von Seele und Geist, sowohl der Gelenke als auch des Markes, und ein Richter der Gedanken und Gesinnungen des Herzens;　　　　　　　　　　　　Hebräer 4,12

Von Gott aufgenommen

Und sie steinigten den Stephanus, der betete und sprach: Herr Jesus, nimm meinen Geist auf!　　　　　　　　　　　　Apostelgeschichte 7,59

Willig, motiviert

Wacht und betet, damit ihr nicht in Versuchung kommt! Der Geist zwar ist willig, das Fleisch aber schwach.　　　　　　　　　　　　Matthäus 26,41

Wacht und betet, damit ihr nicht in Versuchung kommt! Der Geist zwar ist willig, das Fleisch aber schwach.　　　　　　　　　　　　Markus 14,38

Einige Fähigkeiten
Beispiele aus dem Alten Testament

Antworten

Denn ich muss hören, wie man mich schmäht und tadelt, aber der Geist aus meiner Einsicht lehrt mich antworten. Hiob 20,3 (L)

Drängen

Denn erfüllt bin ich mit Worten; der Geist in meinem Innern bedrängt mich. Hiob 32,18

Lasten tragen und aushalten

Eines Mannes Geist erträgt seine Krankheit; aber einen niedergeschlagenen Geist, wer richtet den auf? Sprüche 18,14

Nach Gott suchen

Nach deinem Namen und nach deinem Lobpreis ging das Verlangen der Seele. Mit meiner Seele verlangte ich nach dir in der Nacht; ja, mit meinem Geist in meinem Innern suchte ich dich. Denn wenn deine Gerichte die Erde treffen, lernen die Bewohner des Erdkreises Gerechtigkeit. Jesaja 26,8b-9

Sich gegen jemanden erheben

Wenn der Zorn [Anmerkung Elberfelder: *Wenn der Geist*] *des Herrschers gegen dich aufsteigt, so verlass deinen Platz nicht! Denn Gelassenheit verhindert grosse Sünden.* Prediger 10,4

Verschmachten, vergehen

Schnell, erhöre mich, Herr! Es verschmachtet mein Geist. Verbirg dein Angesicht nicht vor mir! Sonst bin ich denen gleich, die zur Grube hinabfahren. Psalm 143,7

Verständig machen

Jedoch – es ist der Geist im Menschen und der Atem des Allmächtigen, der sie verständig werden lässt. Hiob 32,8

Einige Fähigkeiten
Beispiele aus dem Neuen Testament

Anbeten

Es kommt aber die Stunde und ist jetzt, da die wahren Anbeter den Vater in Geist und Wahrheit anbeten werden; denn auch der Vater sucht solche als seine Anbeter. Gott ist Geist, und die ihn anbeten, müssen in Geist und Wahrheit anbeten.   Johannes 4,23-24

Anwesend sein

Denn ich, zwar dem Leibe nach abwesend, aber im Geist anwesend, habe schon als Anwesender das Urteil gefällt über den, der dieses so verübt hat – wenn ihr und mein Geist mit der Kraft unseres Herrn Jesus versammelt seid ...   1. Korinther 5,3-4

Denn wenn ich auch dem Leib nach abwesend bin, so bin ich doch im Geist bei euch, freue mich und sehe eure Ordnung und die Festigkeit eures Glaubens an Christus.   Kolosser 2,5

Beten und singen

Denn wenn ich in Zungen bete, so betet mein Geist; aber was ich im Sinn habe, bleibt ohne Frucht. Wie soll es denn nun sein? Ich will beten mit dem Geist und will auch beten mit dem Verstand; ich will Psalmen singen mit dem Geist und will auch Psalmen singen mit dem Verstand.   1. Korinther 14,14-15 (L)

Dienen

Denn Gott ist mein Zeuge, dem ich in meinem Geist an dem Evangelium seines Sohnes diene, wie unablässig ich euch erwähne.   Römer 1,9

Erkennen, wissen

Und sogleich erkannte Jesus in seinem Geist, dass sie so bei sich überlegten, und spricht zu ihnen: Was überlegt ihr dies in euren Herzen?   Markus 2,8

Gedanken des Menschen erkennen

Denn wer von den Menschen weiss, was im Menschen ist, als nur der Geist des Menschen, der in ihm ist? So hat auch niemand erkannt, was in Gott ist, als nur der Geist Gottes.   1. Korinther 2,11

Denn wer von den Menschen kennt die Gedanken des Menschen als nur der Geist des Menschen, der in ihm ist? So kennt auch niemand die Gedanken Gottes als nur der Geist Gottes.   1. Korinther 2,11 (SLT)

Geheimnisse reden

Denn wer in Zungen redet, der redet nicht für Menschen, sondern für Gott; denn niemand versteht ihn, vielmehr redet er im Geist von Geheimnissen.   1. Korinther 14,2 (L)

Gott loben und preisen

Denn wenn du mit dem Geist preist, wie soll der, welcher die Stelle des Unkundigen einnimmt, das Amen sprechen zu deiner Danksagung, da er ja nicht weiss, was du sagst?   1. Korinther 14,16

Wenn du Gott lobst im Geist, wie soll der, der als Unkundiger dabeisteht, das Amen sagen auf dein Dankgebet, da er doch nicht weiss, was du sagst?   1. Korinther 14,16 (L)

Gott verherrlichen

Denn ihr seid teuer erkauft; darum verherrlicht Gott in eurem Leib und in eurem Geist, die Gott gehören!   1. Korinther 6.20 (SLT)

Jubeln

Und Maria sprach: Meine Seele erhebt den Herrn, und mein Geist hat gejubelt über Gott, meinen Retter.   Lukas 1,46-47

Kann stärker werden

Das Kind aber wuchs und erstarkte im Geist und war in der Einöde bis zum Tag seines Auftretens vor Israel.   Lukas 1,80

Kann zurückkehren

Und ihr Geist kehrte zurück, und sogleich stand sie auf; und er befahl, ihr zu essen zu geben.

Lukas 8,55

Sich mit anderen vereinen

Wandelt nur würdig des Evangeliums des Christus, damit ich, sei es, dass ich komme und euch sehe oder abwesend bin, von euch höre, dass ihr fest steht in einem Geist und mit einer Seele zusammen für den Glauben des Evangeliums kämpft ...

Philipper 1,27

Seufzen

Und er seufzte auf in seinem Geist und spricht: Was begehrt dieses Geschlecht ein Zeichen? Wahrlich, ich sage euch: Nimmermehr wird diesem Geschlecht ein Zeichen gegeben werden!

Markus 8,12

Übervorteilt nicht

Ich habe Titus gebeten und den Bruder mit ihm gesandt. Hat etwa Titus euch übervorteilt? Sind wir nicht in demselben Geist gewandelt? Nicht in denselben Fussspuren?

2. Korinther 12,18

Namen Gottes und der Geist des Menschen

Gott des Lebensgeistes

Und sie fielen auf ihr Angesicht und sagten: Gott, du Gott des Lebensgeistes[1] allen Fleisches! Ein einziger Mann sündigt, und du willst der ganzen Gemeinde zürnen? 4. Mose 16,22

Da fielen sie auf ihr Angesicht und sprachen: O Gott, du Gott, der allem Fleisch den Lebensodem gibt [Anmerkung Schlachter: wörtlich: *du Gott der Geister*], *ein Mann hat gesündigt, und du willst über die ganze Gemeinde zürnen?* 4. Mose 16,22 (SLT)

Der Herr, der Gott des Lebensgeistes [Anmerkung Elberfelder: im Hebräischen steht die Mehrzahl] *allen Fleisches, setze einen Mann über die Gemeinde ein.* 4. Mose 27,16

Vater der Geister

Zudem hatten wir auch unsere leiblichen Väter als Züchtiger und scheuten sie. Sollen wir uns nicht vielmehr dem Vater der Geister unterordnen und leben? Hebräer 12,9

Segnungen des menschlichen Geistes

Die Gnade unseres Herrn Jesus Christus sei mit eurem Geist, Brüder! Amen. Galater 6,18

Der Herr Jesus Christus sei mit deinem Geist! Die Gnade sei mit euch! 2. Timotheus 4,22

Die Gnade des Herrn Jesus Christus sei mit eurem Geist! Philemon 25

Impulse zum Bibelstudium

Die hier zusammengestellte Auflistung ist nur eine Auswahl, die zum eigenen Bibelstudium anregen soll. Es ist keine vollständige Aufzählung.

Die göttliche Ordnung: zuerst der Geist, dann die Seele, dann der Leib.

Er selbst aber, der Gott des Friedens, heilige euch völlig; und vollständig möge euer Geist und Seele und Leib untadelig bewahrt werden bei der Ankunft unseres Herrn Jesus Christus. 1. Thessalonicher 5,23

Der Geist des Menschen ist zentral in der Anbetung.

Ich will beten mit dem Geist, aber ich will auch beten mit dem Verstand; ich will lobsingen mit dem Geist, aber ich will auch lobsingen mit dem Verstand. 1. Korinther 14,15

Es kommt aber die Stunde und ist jetzt, da die wahren Anbeter den Vater in Geist und Wahrheit anbeten werden; denn auch der Vater sucht solche als seine Anbeter. Gott ist Geist, und die ihn anbeten, müssen in Geist und Wahrheit anbeten. Johannes 4,23-24

Der Geist des Menschen führt uns in der Anbetung Gottes. Je besser die Entwicklung unseres Geistes, desto ungehinderter können wir Gott begegnen. Ein verkümmerter oder ängstlicher Geist begegnet Gott anders als ein geweckter, in Gottes Liebe verwurzelter Geist. Mit einem gesunden, starken Geist können wir das erste Gebot, Gott mit unserem ganzen Sein zu lieben, besser ausleben und Ihn mehr lieben.

David wusste um die wichtige Rolle des Geistes des Menschen.

Er bat darum, dass sein Geist stark und willig sei.

Erschaffe mir, Gott, ein reines Herz, und erneuere in mir einen festen Geist! Psalm 51,1

Lass mir wiederkehren die Freude deines Heils, und stütze mich mit einem willigen Geist! Psalm 51,14

Der Geist ist motiviert, Gottes Massstäbe und Normen auszuleben.
Der Geist zwar ist willig, das Fleisch aber schwach. Markus 14,38

Meine Seele verlangt nach dir in der Nacht, ja mit meinem Geist in meinem Innern suchte ich dich. Jesaja 26,9

Der Geist wird von Gott bewahrt.
Leben und Gnade hast du mir gewährt, und deine Obhut bewahrte meinen Geist. Hiob 10,12

Der Geist wird vom Herrn geprüft.
Alle Wege eines Mannes sind lauter in seinen Augen, aber der die Geister prüft, ist der Herr. Sprüche 16,2

Der menschliche Geist spielt eine wichtige Rolle für das Wohlergehen unserer Seele.
Was bist du so aufgelöst, meine Seele, und stöhnst in mir? Harre auf Gott! Psalm 42,6

Was bist du so aufgelöst, meine Seele, und was stöhnst du in mir? Harre auf Gott, denn ich werde ihn noch preisen. Psalm 43,5

Preise den Herrn meine Seele, und vergiss nicht alle seine Wohltaten. Der da vergibt alle deine Sünde, der da heilt alle deine Krankheiten. Psalm 103,2ff

In vielen Psalmen spricht David zu seiner Seele. Er fordert sie immer wieder auf, nicht betrübt zu sein, auf Gott zu harren, sich an die Grosstaten Gottes zu erinnern; den Herrn zu loben und die Wohltaten Gottes nicht zu vergessen. Davids Geist spricht zu seiner Seele. Weil sein Geist mit Gott verbunden ist, kann er seine Seele ermuntern, trösten und ihr Mut und Vertrauen zusprechen.

Unsere Legitimität befindet sich in unserem Geist.
Der Heilige Geist spricht zu unserem Geist über unser Angenommensein
bei Gott.
Der Geist selbst bezeugt unserem Geist, dass wir Kinder Gottes sind.

Römer 8,16 (L)

Hat jemand mit dem Selbstwert Mühe, kann es der Person helfen, wenn
jemand ihren Geist anspricht und ihm sagt, wie wertvoll die Person in
Gottes Augen ist. Wenn dieses Wissen um die persönliche Wertschätzung und Annahme im Geist verankert ist, kann der Geist die Seele zur
Ruhe bringen.

Ein gesunder Geist hat eine wichtige Rolle in der Seelsorge
*Denn wer von den Menschen weiss, was im Menschen ist, als nur der Geist des
Menschen, der in ihm ist? So hat auch niemand erkannt, was in Gott ist, als
nur der Geist Gottes.*   1. Korinther 2,11

*Eine Leuchte des Herrn ist des Menschen Geist; er durchforscht alle Kammern
des Innern.*   Sprüche 20,27

Es ist wichtig, den Geist zu stärken und zu nähren, damit er seine von
Gott gegebene Aufgabe ausführen kann. Traumatische Erlebnisse und
Schocks werden von der Seele oft in die Vergessenheit des Unterbewusst-
seins verbannt, um Schmerz, Scham, Angst nicht mehr fühlen zu müssen. Diese Erlebnisse kann die Seele oft nur nach Jahren oder gar nicht
mehr erinnern. Das Unterbewusste ist für unseren Geist zugänglich, darum kann er zu Gottes Zeitpunkt im Heilungsprozess das Vergessene ans
Licht bringen, damit die betroffene Person Heilung empfangen kann.

Seele und Geist haben Emotionen. Bei schlimmen Erlebnissen landen
manche Emotionen im Geist und andere in der Seele. Ein Bibelstudium
bringt hier erstaunliche Erkenntnisse. Beim Wiederherstellungsprozess
ist es hilfreich zu wissen, ob es der Geist oder die Seele ist, die Heilung
braucht.

So will auch ich meinen Mund nicht zurückhalten, will reden in der Bedräng-nis meines Geistes, will klagen in der Verbitterung meiner Seele. Hiob 7,11

Hier muss im Wiederherstellungsprozess der Geist in die Freiheit geführt werden, die Seele aber muss von Verbitterung geheilt werden.

Als Jesus dies gesagt hatte, wurde er im Geist erschüttert und bezeugte und sprach: „Wahrlich, wahrlich, ich sage euch: Einer von euch wird mich überlie-fern." Johannes 13,21

Der Schmerz, verraten oder betrogen zu werden, setzt sich im Geist fest und muss deshalb auch im Geist und nicht in der Seele geheilt werden.

Teil 2

Mit dem Vaterherzen Gottes segnen

Tag 1   *Identität und Wert*

_____ , Geliebte/r Gottes,

Ich lade deinen Geist im Namen Jesu ein, aufmerksam zuzuhören. Höre mit deinem Geist auf Gottes Wort für dich:

> *Denn du bildetest meine Nieren. Du wobst mich in meiner Mutter Leib. Ich preise dich darüber, dass ich auf eine erstaunliche, ausgezeichnete Weise gemacht bin. Wunderbar sind deine Werke, und meine Seele erkennt es sehr wohl. Nicht verborgen war mein Gebein vor dir, als ich gemacht wurde im Verborgenen, gewoben[1] in den Tiefen der Erde. Meine Urform sahen deine Augen. Und in dein Buch waren sie alle eingeschrieben, die Tage, die gebildet wurden, als noch keiner von ihnen da war.* Psalm 139, 13-16

_____ , dein Himmlischer Vater hat dich einzigartig geschaffen. Du bist ein einmaliger, wunderbarer Mensch, von Gott, dem Vater geformt, erschaffen und ins Leben gerufen. Schon vor der Grundlegung der Welt hat der Vater deiner gedacht. Du bist kein Zufall. Dein Himmlischer Vater hat dich gewollt und hat dich deshalb erschaffen. Er bestimmte den Zeitpunkt in der Weltgeschichte und den genauen Tag, an dem du geboren

Jede Facette deiner Persönlichkeit ist das Ergebnis Seiner liebevollen Absichten für dich.

werden solltest. Er wählte deine Eltern aus und wob dich im Leib deiner Mutter. Er platzierte dich in deiner Familie und plante auch deinen Platz in der Geschwisterreihe. Er wählte jedes deiner 23 Chromosomenpaare aus und auch jedes einzelne deiner über 10 000 Gene.

Aus den Schätzen in den Familienlinien deiner Vorfahren mütterlicher- und väterlicherseits stellte dein Himmlischer Vater dein geistliches Erbe mit seinen verschiedensten Aspekten zusammen. Es gibt einige

Dinge in diesem Erbe, die nicht sehr schön sind, doch andere hingegen sind absolut überwältigend und fantastisch. Du darfst absolut gewiss sein, dass der Himmlische Vater, der dein Erbe zusammengestellt hat, dir alles gegeben hat, was du in deinem Leben brauchst, um ein Überwinder zu sein. In Christus hast du alles, was du benötigst, um die negativen Seiten deines Erbes in siegreiche Triumphe zu verwandeln und die volle Schönheit dessen, was Gott in dich gelegt hat zu entfalten.

Dein Himmlischer Vater hat dich wunderschön und liebenswert gemacht. _____, ich segne dich mit dieser Gewissheit, denn du bist einzigartig und wunderbar geschaffen. Gott hat dich mit unbeschreiblicher Hingabe, Konzentration und Liebe erschaffen. Du bist ein absolut einzigartiges Meisterwerk. Niemand ist wie du, du bist ganz und gar einmalig. Gott hat einzigartige Gedanken in dich investiert. Jedes spezifische Detail, jedes einzelne Organ und jede Zelle deines Körpers ist das Resultat Seiner wunderbaren Gedanken für dich.

Es gibt eine geistliche Schatztruhe mit Generationensegen, die nur deinen Namen trägt.

Auch jede Facette deiner Persönlichkeit ist das Ergebnis Seiner liebevollen Absichten für dich. Du bist schön und du bist geliebt. Gott hat dich mit Liebe gesegnet. Gott hat am Tag deiner Erschaffung gejubelt. Er hat Jahrtausende auf den Moment gewartet, an dem du gezeugt würdest und dein Leben seinen Anfang nähme. Er freute sich riesig, als sich Seine Pläne schliesslich manifestierten. Von allem Anfang an hegte und nährte Er deinen Geist. Er selbst ist es, der über deinem Leben wacht.

_____, die Welt braucht dich. Du bringst etwas in deine Familie, das kein anderer Mensch je bringen kann. Deine Familie braucht die Gaben, die du hast. Sie wäre niemals vollkommen ohne dich. Auch andere in deinem Umfeld sind angewiesen auf das, was Gott in dich und in dein Leben hineingelegt hat.

_____, dein Himmlischer Vater schrieb alle Tage deines Lebens in Sein Buch, bevor der erste von ihnen begann. Er kennt alle

Kapitel deiner Lebensgeschichte, keines ist Ihm verborgen. Mit freudi ger Erwartung schaut Er den Kapiteln deiner sich noch entfaltenden Lebensgeschichte entgegen. Dein Leben ist nicht dem Zufall und der Willkürlichkeit überlassen, es ist in Gottes Hand. Er hat dir dein geistliches Erbe zugeteilt. Dieses geht auf tausend Generationen vor dir zurück. Es gibt eine geistliche Schatztruhe mit Generationensegen, die nur dei nen Namen trägt. Dieser Segen wird dir im Laufe deines Lebens zu Gottes Zeitpunkten ausgeteilt. All das gehört zu Gottes perfektem Plan.

Gott hat auch deine schmerzhaften Erfahrungen schon vorausgesehen. Er verheisst dir aufgrund Seiner Liebe, Seiner Macht und Seines Segens über dir, dass Er Negatives in deinem Leben verwandeln wird und es dir zum Besten dienen muss. Gott alleine weiss, zu welcher Persönlichkeit du dich noch entfalten wirst, was du noch alles wirken wirst und welcher Vorbereitungen dies bedarf. Was immer dir auf deinem Lebensweg begegnen mag, sei gewiss, du bist geliebt, du bist ein Segen für deine Familie und durch dich fliesst Leben in diese Welt.

Du bist einmalig und unersetzbar. Wir feiern deine Einzigartigkeit und das wunderbare Meisterwerk Gottes, das du bist.

Ich segne dich im Namen Jesu von Nazareth.

Tag 2   *Deine Berufung erkennen*

_____ , Geliebte/r Gottes,

Im Namen Jesu, lade ich deinen Geist ein, aufmerksam zuzuhören. Höre mit deinem Geist auf Gottes Verheissung in Seinem Wort:

Denn wir sind sein Werk, geschaffen in Christus Jesus zu guten Werken, die Gott zuvor bereitet hat, dass wir darin wandeln sollen.   Epheser 2, 10

_____ , dein Himmlischer Vater hat ein Ziel und eine Berufung für dich. Ich segne dich, deine Berufung aus der Perspektive des Herzens Gottes zu sehen. Ich segne dich, deine Persönlichkeit und deine Gaben zu entfalten und all das zu werden und zu sein, wozu dich Gott berufen hat. Du sollst aufblühen, gedeihen und tiefste Befriedigung erfahren, indem du die Freude erlebst, die davon kommt, dass du deiner Berufung folgst. Nicht nur du, sondern auch die Menschen um dich herum und die Welt als Ganzes werden dadurch reich beschenkt werden.

_____ , ich segne dich, dem Ruf Gottes und der Fülle Seines Willens für dein Leben zu folgen. Ich segne dich, dich in Gottes Tempo zu bewegen und Ihm weder vorauszurennen noch hinterherzuhinken. Sei gesegnet mit der Erkenntnis Seines Willens! Mögest du auch Details erkennen können, damit du zur richtigen Zeit am richtigen Ort bist und mit den richtigen Menschen zusam-

> *Du sollst die Freude erleben, die davon kommt, dass du deiner Berufung folgst.*

menarbeitest. Ich segne dich mit der Fülle von Weisheit und Erkenntnis, damit du deine täglichen Aufgaben auf Gottes Art und Weise tun kannst. Du bist ein einmaliges Meisterwerk Gottes, das dazu angelegt ist, auf dich zugeschnittene, gute Werke zu tun. Diese spezifischen Werke kannst du besser tun, als irgendjemand sonst auf dieser Welt, weil dein Vater dich einzigartig geschaffen und dafür ausgestattet hat. In Übereinstimmung mit Gott und Seinem Wort segne ich deine Einzigartigkeit. Ich segne die guten Werke, zu denen Gott dich bestimmt und ausgerüstet hat, ebenso segne ich die Talente, die Gott dir gegeben hat, um diese Aufgaben ausführen zu können. Ich segne dich mit Menschen, die in dich investieren, dir dienen und dich liebevoll fördern, denn du bist eine Kostbarkeit, ein Juwel und ein grosser Segen für die Welt.

Ich segne dich mit einer lebensspendenden Gemeinschaft, in der du deinen Platz finden und einnehmen darfst. Du bist Teil eines grossen Mosaiks. Ich segne dich darum, die Menschen zu erkennen, die dich ergänzen können, denn du kannst die Berufung, die Gott dir gegeben hat, nicht alleine ausführen. Ich segne dich, Menschen zu begegnen, die die gleiche Gesinnung, dieselbe Vision und denselben Geist in sich tragen. Ich segne dich, Teil einer geistlichen Familie zu sein. Mögest du das Glück erleben, mit Menschen unterwegs zu sein, die ihre tiefste Erfüllung darin finden, nach Gottes Absichten zu trachten und in ihrer Berufung zu leben.

Dein Vater will, dass sich dein Geist in seiner ganzen Schönheit vollständig entfaltet.

_____ , dein Himmlischer Vater wird dich mit offenen Türen segnen, damit du zu Seiner Zeit in Seiner Berufung vorangehen kannst und dabei volle Genugtuung erlebst. Diese kommt davon, dass du zur richtigen Zeit, am richtigen Ort all das sein und ausleben kannst, wozu Er dich berufen hat.

Dein Himmlischer Vater wird dich wo nötig auch mit geschlossenen Türen segnen. Denn der Feind wird versuchen, dich dazu zu bringen, gute und legitime Dinge zu tun, die Gott aber nicht für dich vorgesehen hat. Ich segne dich deshalb mit der Gabe der Unterscheidung, damit du deine Zeit und Kräfte nicht für Dinge verschwendest, die Gott dir gar nicht aufgetragen hat. Ich segne dich, dich vielmehr dort zu investieren, wo Gott dich berufen hat. Ich segne dich mit der Gnade Gottes, die dich befähigt, jeden Tag aufs Neue in Seinem Auftrag und in Seinen vorbereiteten Werken zu leben.

Dein Vater will, dass sich dein Geist in seiner ganzen Schönheit vollständig entfaltet. Ich segne dich mit Erfüllung, Gnade und Anmut, sowie mit der Weisheit Gottes und der Schönheit des Himmels. Ich freue mich über die Schönheit, die Gott in dir hervorgebracht hat. Du bist weit mehr als nur ein Puzzleteilchen, auf das die Welt angewiesen ist oder ein dienliches Werkzeug, das gute Arbeit leistet und das Reich Gottes voranbringt. Du bist Gottes Schöpfung, Sein Prachtstück, Sein Meisterwerk, ein wahres Gedicht.

Ich segne die Schönheit deines Geistes. Ich segne dich mit Leichtigkeit und göttlicher Gunst, die dir den Weg ebnet, um in Liebe und Hingabe an deinen Schöpfer zu leben.

_____ , dein Himmlischer Vater hat dich dazu berufen, den Wohlgeruch des Himmels in dir zu tragen, so dass Menschen zu dir hingezogen werden. Das wird nicht wegen deiner Effizienz, deiner Kompetenz oder wegen deines sicheren und starken Auftretens geschehen, sondern weil du diesen anziehenden, kostbaren Duft des Himmels verströmst. Ich segne dich, ein lieblicher Wohlgeruch zu sein, während du die Werke tust, die Gott für dich vorbereitet hat.

Ich segne dich im Namen Jesu von Nazareth.

Tag 3   *Lebensspendende Beziehungen*

_____ , Geliebte/r Gottes,

Im Namen Jesu von Nazareth lade ich deinen Geist ein, aufmerksam auf Gottes Wort für dich zu hören.

Maria [...] kam in das Haus des Zacharias und begrüsste Elisabeth. Und es begab sich, als Elisabeth den Gruss Marias hörte, hüpfte das Kind in ihrem Leibe. Und Elisabeth wurde vom Heiligen Geist erfüllt und rief laut und sprach: Gepriesen bist du unter den Frauen, und gepriesen ist die Frucht deines Leibes! Und wie geschieht mir das, dass die Mutter meines Herrn zu mir kommt? Denn siehe, als ich die Stimme deines Grusses hörte, hüpfte das Kind vor Freude in meinem Leibe. Und selig bist du, die du geglaubt hast! Denn es wird vollendet werden, was dir gesagt ist von dem Herrn.   Lukas 1, 40-45

Jedes Mal wenn sich Menschen begegnen, kommt es zu einem Energieaustausch. Es gibt Begegnungen, durch welche du belebt und erquickt wirst, und solche, die dich ausgelaugt und erschöpft zurücklassen. Marias Geist war so voll von Gottes Leben und Geist, dass der Geist Johannes' des Täufers, mit dem Elisabeth schwanger war, vor Freude hüpfte, als Maria ihr begegnete.

Es ist etwas Kostbares, wenn Menschen in der Begegnung mit dir Freude und Erquickung für ihre Seele erfahren. Doch dein Himmlischer Vater hat dir eine noch höhere Berufung gegeben: du bist ebenso berufen, dem Geist deines Gegenübers wohlzutun und ihn zu erfrischen. In deinen Zusammentreffen mit Menschen soll sowohl Leben von dir ausgehen als auch zu dir zurückfliessen. Gott will Begegnungen in dein Leben bringen, bei denen dein Geist vor Freude hüpft. Ich segne dich mit vielen solchen Erlebnissen, die deinen Geist beleben und beschwingen. Ich segne dich mit göttlichen Begegnungen, wo Gott dich für einen Moment, eine Stunde oder ganze Tage mit vollmächtigen Männern und Frauen Gottes zusammenbringt. In der Gegenwart geisterfüllter Glaubenshelden wird dein Geist Freude, Wachstum, Inspiration, grosse Bereicherung und Salbung erleben. Möge Gott Männer und Frauen mit einem reinen Lebenswandel in dein Leben bringen; Menschen, die heilige Hände aufheben und deren Leben, sowohl durch ein hohes Mass an geistlicher Disziplin, als auch durch die ständige Gegenwart Gottes gekennzeichnet sind.

_____ , dein Himmlischer Vater hat dir das göttliche Herrschaftsmandat übertragen. Ich segne ich, Menschen zu begegnen, die in dieser Autorität leben. Diese Menschen wissen, wer sie in Gottes Augen sind und was ihre wirkliche Identität ist. Weil sie tief im Wissen um ihren wahren Wert verwurzelt sind, sind sie unabhängig von Anerkennung und Position in der Gesellschaft. Dies befähigt sie, in göttlicher Autorität wandeln und handeln zu können: Sie überwinden dämonische Kräfte und bringen stattdessen die Gegenwart Gottes; sie richten die Niedergeschlagenen auf; sie heilen die zerbrochenen Herzens sind und schaffen einen weiten Raum für Gottes Herrlichkeit. Ich segne dich mit der

Ich segne dich mit der ansteckenden Freude des Herrn.

Gemeinschaft solcher Menschen, die dich lehren und dir zeigen können, was es bedeutet, in göttlicher Herrschaft und Autorität zu leben. Dies sind Menschen, die dem König der Könige dienen und von Ihm mit der Autorität zu überwinden gesegnet wurden. Möge dein Geist vor Freude tanzen und über den Segen jubeln, Seite an Seite mit solchen Männern und Frauen Gottes wandeln zu dürfen.

Dein Himmlischer Vater hat dich dazu berufen, Gemeinschaft mit denen zu haben, die in Seiner Gunst wandeln und erleben, wie Er ihnen geschlossene Türen öffnet. Diese Menschen wissen, was es heisst, wenn Gott unüberwindbare Hindernisse aus dem Weg räumt und Wege bahnt, wo noch keine sind. Ihr Geist ist mit dem tiefen Frieden Gottes durchtränkt, weil sie wissen wer sie sind und dass Gottes Gunst auf ihnen ruht. Ich segne deinen Geist, die lebensspendende Kraft annehmen zu können, die von diesen Menschen ausgeht und sich an der Gemeinschaft mit ihnen zu erfreuen. Ich segne dich, immer wieder mit Menschen zusammenzutreffen, auf denen Gottes Gunst ruht.

_____ , dein Himmlischer Vater hat vorgesehen, dass deine Freude für andere Menschen ansteckend ist. Ich segne dich mit dieser ansteckenden Freude des Herrn. Ich segne dich, mit Seiner Freude zu übersprudeln, damit deine Freude jeden berührt, der dir begegnet. Ich segne dich, wo immer du stehst und gehst, unabhängig von den jeweiligen Umständen, eine Freudenspur zu hinterlassen.

Ich segne dich, im Laufe deines Lebens unzählige Menschenleben mit der tiefen und echten Freude eines Lebens mit Gott zu berühren. Ich segne deinen Geist, aus den unendlichen Quellen der Freude Gottes zu schöpfen und diese Freude weiterzugeben, damit sich andere auch daran laben und erquicken können. Ich segne dich mit lebendiger Gemeinschaft mit Menschen, die die Freude des Herrn kennen. Möge dir Gott Menschen, welche voller Freude sind, über den Weg führen, damit sie deinen Geist mit ihrer Freude stärken. Möge eure Begegnung gegenseitig lebensspendend sein, wenn deine Freude sie ansteckt und ihre Freude wiederum deinen Geist erquickt.

Ich segne dich im Namen Jesu von Nazareth.

Tag 4   *Gott kämpft für dich*

_____ , Geliebte/r Gottes,

Im Namen Jesu von Nazareth lade ich deinen Geist ein, hinzuhören und aufzumerken. Höre auf Gottes Wort für dich:

Mose aber sprach zum Volk: ... Fürchtet euch nicht! Steht fest und seht die Rettung des Herrn, die er euch heute bereiten wird; denn diese Ägypter, die ihr heute seht, die werdet ihr nicht wieder sehen in Ewigkeit! Der Herr wird für euch kämpfen, und ihr sollt still sein!   2. Mose 14,13-14

_____ , dein Himmlischer Vater will, dass Sein Friede dich auch in den widrigsten Umständen durchdringt und bestimmt.

Ich segne dich mit einem unerschrockenen Herzen, das in Seinem Frieden ruht, währenddem Er an deiner Stelle für dich kämpft. Du sollst sehen, wie Gott dich befreit und deine Feinde vor deinen Augen beseitigt. Du aber wirst einfach die Dinge tun, die Gott dir aufgetragen hat. Ich segne dich mit der Bereitschaft, im täglichen Gehorsam kontinuierlich voranzugehen. Ich segne dich mit fröhlichem Gehorsam für die kleinsten Details sowie für die grossen Aufträge Gottes, denn dies wird dich in die Lage versetzen, in der Gott deine Schlachten für dich kämpfen kann.

Bevor Gott die Feinde des Volkes Israel zu den Zeiten des Mose zerstörte, wollte Er, dass sich Sein Volk in Ihm geborgen wusste, anstatt sich vor seinen Feinden zu fürchten. Ich segne dich mit dem umfassenden Frieden für Geist, Seele und Leib, den Gott für dich bereitet hat. Ich segne dich erkennen zu können, wie Gott Umstände herbeiführt und dazu benutzt, deine Widersacher zu beseitigen. Ich segne dich mit unerschrockener Standhaftigkeit angesichts auftauchender Schwierigkeiten. Du sollst stehen und sehen, wie Gott deinen Feinden entgegentritt und sie zum endgültigen Verschwinden bringt, ohne dass du selbst kämpfen musst. Ich segne dich mit kindlichem Vertrauen und Glauben in Gottes Vorsorge, damit du dich vor auftauchenden Problemen nicht zu fürchten brauchst.

Höre mit deinem Geist noch einmal auf Gottes Wort für dich: *Ohne Glauben aber ist es unmöglich, ihm wohlzugefallen; denn wer zu Gott kommt, muss glauben, dass er ist, und dass er die belohnen wird, welche ihn suchen.* Hebräer 11,6

_____ , es bereitet deinem Himmlischen Vater grosses Wohlgefallen und Freude, wenn du dich in Ihm völlig geborgen und sicher fühlst. Ich segne dich mit der Freude, dieses Gottvertrauen auch in anderen zu wecken. Ich segne dich mit unzähligen Erfahrungen von Gottes Eingreifen. Mögen diese sich so intensiv in deinem Geist einprägen, dass bereits dein Erzählen davon andere von ihren Ängsten befreit und ihnen Mut macht, Gott ebenfalls um Sein Eingreifen in ihren Situationen zu bitten.

Ich segne dich mit der Führung des Heiligen Geistes, damit du Problemen und Schwierigkeiten mit Glauben entgegentreten kannst, anstatt dich als hilfloses Opfer von Umständen zu sehen oder mit Ausweichstrategien und Anschuldigungen zu reagieren. Ich segne dich mit Ausdauer und Kraft anstelle eines verzagten Geistes. Ich segne dich, Probleme als Chancen und Herausforderungen für deinen Glauben und dein persönliches Wachstum zu sehen. Mögest du darin viele neue Seiten von Gott entdecken und erkennen, wie Er Probleme als Werkzeuge gebraucht, um Seine Pläne auszuführen und Sich zu verherrlichen.

_____ , ich segne deine inneren Augen, Gottes Gegenwart selbst in schmerzhaften und problembeladenen Situationen zu erkennen. Ich segne dich mit standhaftem Glauben, wenn sich dir Gefahr nähert. Ich segne dich, sehen zu können, wie Gott übernatürlich interveniert, dich freisetzt und dir Ruhe vor deinen Feinden verschafft. Ich segne dich mit Augen des Glaubens, die weit über die akuten Schwierigkeiten hinaussehen können. Mögest du den darin verborgenen Schatz mit deinen geistlichen Augen bereits sehen können, während der Kampf noch tobt. Ich segne dich, die Belohnung derer, die Ihn ernsthaft suchen, zu erlangen.

_____ , höre mit deinem Geist weiterhin auf Gottes Wort: *Wenn die Wege eines Menschen dem Herrn wohlgefallen, so lässt er selbst seine Feinde mit ihm im Frieden leben.* Sprüche 16,7

Dein Himmlischer Vater möchte, dass sogar deine Feinde erkennen, dass deine Wege Gott wohlgefallen. Es ist eine besondere Art von Gottes Schutz, wenn deine Widersacher mit dir in Frieden leben wollen. Ich segne dich mit einem Mass an Gottesgunst, das es offensichtlich macht, dass du in einer engen Beziehung mit Gott lebst und Er mit dir ist. Mögen Menschen diese Gunst erkennen, ohne auf Gottes Segen in deinem Leben neidisch zu werden. Vielmehr möge die Tatsache, dass ein Mensch in einer solch innigen Vertrautheit mit Gott leben kann, sie

Ich segne dich mit fröhlichem Gehorsam für die kleinsten Details sowie für die grossen Aufträge Gottes, denn dies wird dich in die Lage versetzen, in der Gott deine Schlachten für dich kämpfen kann.

mit Staunen und Ehrfurcht vor Gott erfüllen. Ich segne dich mit der Fülle der Gunst Gottes, die Menschen dazu bewegt, mit dir im Frieden leben zu wollen, um den Gott an deiner Seite nicht zu erzürnen. Ich segne dich mit Menschen, die anerkennen und bestätigen, dass Gottes Wohlwollen auf dir ruht.

Ich segne dich mit einem Lebensstil, der Gottes Wohlgefallen so sehr auf dich zieht, dass deine Feinde nicht nur mit dir in Frieden leben wollen, sondern sich auch nach deinem Gott auszustrecken beginnen. Möge der Friede Gottes in deinem Leben für eine Welt, die voller Fragen und Nöte ist, wie ein Leuchtturm sein. Ich segne dich mit Anziehungskraft für Menschen, die Schutz bei deinem Gott und eine Beziehung mit

Ihm suchen. Ich segne dich, ihnen dabei zu helfen, den Gott kennenzulernen, in dessen Gunst du stehst.

_____ , ich segne dich mit diesem besonderen Schutz und Frieden Gottes, den Er denen gibt, die in den Wegen Seines Wohlgefallens wandeln. Ich segne dich zu erleben, wie deine Widersacher dir Frieden anbieten, weil sie die Hand Gottes in deinem Leben sehen.

Ich segne dich im Namen Jesu von Nazareth.

Tag 5 *Sohnschaft*

_____ , Geliebtes Kind Gottes

Ich lade deinen Geist ein aufzumerken und zuzuhören. Höre mit deinem Geist auf Gottes Wort für dich: Denn alle, die durch den Geist Gottes geleitet werden, die sind Söhne Gottes. Denn ihr habt nicht einen Geist der Knechtschaft empfangen, dass ihr euch wiederum fürchten müsstet, sondern ihr habt den Geist der Sohnschaft empfangen, in dem wir rufen: Abba, Vater! Der Geist selbst gibt Zeugnis zusammen mit unserem Geist, dass wir Gottes Kinder sind. Wenn wir aber Kinder sind, so sind wir auch Erben, nämlich Erben Gottes und Miterben des Christus; wenn wir wirklich mit ihm leiden, damit wir auch mit ihm verherrlicht werden. Denn ich bin überzeugt, dass die Leiden der jetzigen Zeit nicht ins Gewicht fallen gegenüber der Herrlichkeit, die an uns geoffenbart werden soll.   Römer 8,14-18

_____ , der Geist des Vaters bezeugt, dass du Sein Sohn[2] (Sein Kind) bist und von Seinem Geist geleitet bist. Ich segne dich, _____ , mit dem Geist und mit der Gesinnung der Sohnschaft. Ich segne dich mit dem Vertrauen, das Jesus in Seinen Vater hatte, damit auch du im Vertrauen auf Gott Probleme anpacken kannst. Ich segne dich mit der Gewissheit, dass Er dir Gnade gibt, Lösungen zu finden und die Probleme zu überwinden. Ich segne deine Identität als Gottes herzlich geliebtes Kind, damit sie tief in deinem Herzen verwurzelt ist und du Ihn vertrauensvoll „Abba, lieber Vater" rufen kannst. Ich segne dich mit dem Geist der Sohnschaft, der alle Furcht vertreibt, weil du weisst, dass dein Abba Vater mit dir und für dich ist. Ich segne dich mit dem unerschütterlichen Wissen, dass Er Zukunft und Hoffnung für dich bereitet und alle deine Tage mit Liebe in Sein Buch geschrieben hat. Er hat Gedanken des Friedens über dir und Er will sich in dir und durch dich verherrlichen. Ich segne dich mit Ruhe und Geborgenheit, denn dein Abba Vater weiss nicht nur was du brauchst, sondern Er verfügt auch über alle Ressourcen des gesamten Universums, um deinen Mangel auszufüllen.

_____, höre weiterhin mit deinem Geist auf Gottes Wort für dich: *Der Geist selbst gibt Zeugnis zusammen mit unserem Geist, dass wir Gottes Kinder sind.* Römer 8,16

Ich segne deine geistlichen Ohren, dieses Zeugnis des Geistes Gottes zu hören. Er ist der Geist der Weisheit und des Verstandes, der Geist des Rates und der Kraft, der Geist der Erkenntnis und der Furcht des Herrn (Jesaja 11,2). Ich segne dich mit freudiger Bereitschaft, der Ehrfurcht Gottes in deinem Leben Raum zu schaffen. Ich segne dich, mit dem Geist Gottes in inniger Verbundenheit zu leben, so dass du nicht nur nach dem urteilen musst, was deine Augen sehen oder deine Ohren hören können.

Ich segne deine Identität als Gottes herzlich geliebtes Kind, damit sie tief in deinem Herzen verwurzelt ist und du Ihn vertrauensvoll „Abba, lieber Vater" rufen kannst.

Unsere menschliche Perspektive führt häufig nur zu trügerischen Schlussfolgerungen, darum segne ich dich, allezeit vom Geist der Wahrheit geleitet zu werden. Ich segne dich mit einer stetig zunehmenden Unterscheidungsgabe, damit du Menschen und Situationen immer mehr aus Gottes Perspektive sehen kannst.

Und nun höre noch einmal mit deinem Geist auf Gottes Wort für dich: *Wenn wir aber Kinder sind, so sind wir auch Erben, nämlich Erben Gottes und Miterben des Christus; wenn wir wirklich mit ihm leiden, damit wir auch mit ihm verherrlicht werden.* Römer 8,17

Ich segne dich mit der alles umfassenden Erkenntnis, dass du zusammen mit deinem erstgeborenen Bruder Jesus Christus ein Erbe aller Schätze deines Himmlischen Vaters bist. Ich segne dich mit der felsenfesten Gewissheit, dass du Zugang zu den Reichtümern deines Vaters hast und weder emotional, noch praktisch, noch geistig oder geistlich irgendeinen Mangel hast. Ich segne dich mit der Bereitschaft, die Gemeinschaft Seiner Leiden anzunehmen, damit du auch an Seiner Herrlichkeit Anteil haben kannst. Ich segne dich, Seine Herrlichkeit in dir zu erkennen und deinen Stand als Teil und Träger von Gottes Herrlichkeit einzunehmen.

_____, höre wiederum mit deinem Geist auf Gottes Wort für dich: *Denn ich bin überzeugt, dass die Leiden der jetzigen Zeit nicht ins Gewicht fallen gegenüber der Herrlichkeit, die an uns geoffenbart werden soll.*   Römer 8,18

Ich segne dich mit der Erkenntnis, dass Seine Wege nicht immer unsere Wege sind, doch dass Seine Wege dir zum Allerbesten dienen und Ihn verherrlichen. (Römer 8,28)

Ich segne dich mit Jesaja 50,4: *Gott, der Herr, hat mir die Zunge eines Jüngers gegeben, damit ich den Müden mit einem Wort zu erquicken wisse. Er weckt Morgen für Morgen, ja, er weckt mir das Ohr, damit ich höre, wie Jünger hören.*

Er lässt dich Seine Stimme hören und gibt dir Weisung für dein Reden. Ich segne dich mit Schönheit, Zufriedenheit und tiefer Erfüllung, die dadurch freigesetzt werden, dass dein Himmlischer Vater dir Morgen für Morgen das Ohr öffnet, um dich persönlich zu unterweisen. Ich segne dich, Ihm ein williges Herz hinzuhalten, das weder rebelliert, noch vor dem zurückschreckt, wie Er dich leitet. Sei mit Verlangen gesegnet, dich Tag um Tag nach Seiner Herrlichkeit auszustrecken, während du Ihn in Seinem Wort suchst und auf Seine Weisung hörst. Ich segne dich mit der Offenbarung Seiner Herrlichkeit.

Ich segne dich im Namen Jesu Christi von Nazareth.

Tag 6   **Gottes Gegenwart**

_____ , Geliebte/r Gottes,

Ich lade deinen Geist im Namen Jesu ein, aufmerksam zuzuhören.
Ich segne dich mit der Freude Gottes. Höre mit deinem Geist auf Sein
Wort für dich:

*Ich lobe den Herrn, der mich beraten hat; auch mahnt mich mein Herz
des Nachts. Ich habe den Herrn allezeit vor Augen; steht er mir zur Rechten,
so werde ich festbleiben. Darum freut sich mein Herz, und meine Seele ist fröhlich; auch mein Leib wird sicher liegen. Denn du wirst mich nicht dem Tode
überlassen und nicht zugeben, dass dein Heiliger die Grube sehe. Du tust mir
kund den Weg zum Leben: Vor dir ist Freude die Fülle und Wonne zu deiner
Rechten ewiglich.*   Psalm 16, 7-11

_____ , es gibt verschiedenste Arten der Freude – zum
Beispiel die Freude des Elternseins; die Freude, in Beziehungen zu leb-
en; die Freude an der Schöpfung Gottes; die Freude, sich in der Natur zu
erholen; die Freude, einen Sonnenaufgang zu erleben; die Freude, wenn
eine Arbeit gelingt oder ein bestimmtes Ziel erreicht wird; die Freude,
der Errettung und Erlösung; die Freude, Gott in dir und durch dich am
Werk zu sehen; die Freude, zu sehen, dass Gott Menschen befähigt und
freisetzt, die unterschiedlichsten Dinge zu vollbringen; … und vieles andere mehr.

_____ , ich segne dein Leben, mit Freude geradezu zu
überfliessen, denn dein Himmlischer Vater hat dich berufen, Freuden
aller Art zu erleben. Ich segne dich mit der grösstmöglichen Freude!
Diese erfährst du wenn du Gottes Gegenwart in deinem Geist erlebst.
Ich segne deinen Geist, ein Heiligtum und ein Ort tiefer Geborgenheit
zu sein, nicht ein Ort des Aufruhrs. Ich segne deinen Geist, ständig vom
Heiligen Geist umgeben und erfüllt zu sein, damit du mit der Gegenwart

Gottes immer vertrauter wirst. Ich segne dich mit der Freude, während deinen Gebetszeiten in Seiner Gegenwart zu verweilen, dich aber ebenso im Alltagsgeschehen Seiner Gegenwart bewusst zu sein. Ich segne dich, wahrnehmen zu können, wie Er bei Tag und Nacht über dir wacht.

In Psalm 16,7 heisst es: *Ich lobe den Herrn, der mich beraten hat; auch mahnt mich mein Herz des Nachts.*

_____ , ich segne deine Nachtruhe mit der Fülle der Freude, denn dies ist die Zeit, in der dein Verstand zur Ruhe kommt und Gottes Geist deinem Geist dient. Die Nacht ist Gott heilig, denn sie ist die Erstlingsfrucht Seiner Schöpfung. Weise darum jeglichen Anspruch des Feindes an deiner Nachtruhe von dir. Ich proklamiere, dass die Nacht Gottes heilige Zeitspanne ist. Er liebt es, dich gerade dann heimzusuchen und dir zu dienen. Ich segne deine Nachtruhe mit Gottes Frieden und Gegenwart.

Ich segne dich mit der Weisung deines Himmlischen Vaters, der dir den Weg zum Leben kundtun will. Ich segne dich mit der Freude, Seine Gegenwart wahrnehmen zu können und überall Seine Spuren und Liebesbeweise zu entdecken. Mögest du Augen haben, die Seine Geschenke und Überraschungen wo im-

Ich segne dich mit dem Wissen, dass du Sein Herz mit Glück und Wonne erfüllst.

mer du gehst, sehen zu können. Doch auch in dir selbst stecken unzählige noch unbekannte Schätze, die Gott in dein Leben gelegt hat. Diese gilt es ebenso zu entdecken und zu entfalten. Im Namen Jesu salbe ich deine geistlichen Augen mit der Augensalbe aus Offenbarung 3,18. So wirst du fähig zu sehen, was Gott möchte, dass du sehen kannst und wie David wirst du staunend ausrufen: *Herr, die Erde ist voll deiner Güte; lehre mich deine Gebote!* Psalm 119,64

_____ , ich segne dich, Gott rund um den Globus am Werk zu sehen und manche dieser Orte sogar selbst besuchen zu können.

In jeder Generation gibt es, in verschiedenen Teilen der Welt, ganz spezifische und einzigartige Heimsuchungen Gottes. Jede dieser Heimsuchungen ist ein ganz besonderer Ausdruck Seiner Macht und Gegenwart. Ich segne dich mit der Freiheit zum Reisen, damit du neue Erfahrungen machen kannst, um dadurch weitere Facetten von Gottes manifester Gegenwart kennen und schätzen zu lernen und darin verweilen zu können.

Vor dir ist Freude die Fülle und Wonne zu deiner Rechten ewiglich.
Psalm 16,11

Ich segne dich mit dieser ewigen Freude und Wonne zur Rechten deines Himmlischen Vaters. Seine Rechte ist die Hand der Autorität und des Segens.

Ich segne dich, zu hören, wie Er dich bei deinem Namen ruft, dich Sein liebstes Kind nennt und dir Sein Wohlgefallen an dir kundtut. Ich segne dich mit dem Wissen, dass du Sein Herz mit Glück und Wonne erfüllst. Ich segne dich, Seine Freude an dir in der Tiefe deines Wesens erfahren und annehmen zu können, während sich dein Herz gleichzeitig an Ihm erfreut.

Im Namen Jesu, segne ich dich mit der Fülle der Freude an der Gegenwart des einzig wahren und lebendigen Gottes.

Tag 7   *Vertrauen*

_____, Geliebte/r Gottes,

Im Namen Jesu von Nazareth lade ich deinen Geist ein zuzuhören. Höre auf Gottes Wort für dich:

Wer festen Herzens ist, dem bewahrst du Frieden; denn er verlässt sich auf dich. Darum verlasst euch auf den Herrn immerdar; denn Gott der Herr ist ein Fels ewiglich.   Jesaja 26, 2-3

Das Wort „Vertrauen" ist im Alten Testament ein sehr bedeutsames Wort. Es hat nichts mit einer Willensentscheidung zu tun, bei der du beschliesst, etwas zu riskieren, sondern es bedeutet vielmehr ein Urvertrauen. Es ist eine feste Zuversicht, eine tiefe Überzeugung, dass dein Leben in der guten Hand Gottes geborgen ist und sich alles in allem zum Guten wenden wird. Es entspricht dieser völligen Unbeschwertheit, die du damals im Bauch deiner Mutter empfunden hast: Du hattest den regelmässigen Rhythmus ihres Herzschlages gehört sowie das Rauschen ihres Blutes, das durch ihr Herz zu dir gepumpt wurde und so deinen Körper in Bewegung versetzt hatte. Du vertrautest dem Herzen deiner Mutter mit tiefster Gewissheit und fühltest dich absolut sicher, denn es schlug unaufhörlich, Minute um Minute, Stunde um Stunde, Tag um Tag.

Dein Himmlischer Vater möchte, dass du nun diese Art von tiefer, alles umfassender Gewissheit und Geborgenheit auch mit Ihm erlebst. Er möchte, dass du in vollkommenem Frieden ruhen kannst, weil du in Seiner Gegenwart, im Erleben Seiner immerwährenden Treue gegründet und in Seiner uneingeschränkten Liebe zu dir verwurzelt bist.

Es gibt Zeiten, da ist es angebracht, als Glaubensakt und im Blick auf Gott einfach alles zu wagen, sogar dann, wenn deine Gefühle dagegen sprechen. Doch es ist ein weit grösseres und ganz besonderes Geschenk, wenn du deinem Vater sowohl in allem was Er tut, als auch in allem, was Er dich zu tun heisst, in völligem Frieden vertrauen kannst.

_____ , weil dies Gottes Wille für dich und auch dein gottgegebenes Geburtsrecht ist, segne ich dich mit vollkommenem Frieden, der in unerschütterlichem Gottvertrauen gegründet ist. Ich segne dich, die Treue und unverbrüchliche Liebe deines Himmlischen Vaters zu erfahren, gerade auch dann, wenn Menschen dich ablehnen oder nichts Liebenswertes in dir sehen. Ich segne dich, die Liebe deines Vaters für dich zu erkennen, sie mit jeder Faser deines Seins zu spüren, sie rundum zu geniessen und dich fortlaufend daran zu laben, damit du nie wieder an Seiner Liebe zu dir zweifeln kannst.

_____ , ich segne dich mit einem immer reicher werdenden Erleben von Gottes Versorgung. Im Laufe deines Lebens verändern sich deine Bedürfnisse, darum wird dir dein Vater Seine Versorgung aus vielen verschiedenen Quellen zufliessen lassen. Ich segne dich mit geöffneten Augen, die diese immerwährende Vorsorge Gottes wahrnehmen können. Dadurch wirst du in jeder neuen Situation vertrauen und mit Gewissheit glauben können – Er sorgt für dich!

_____ , ich segne deine Beziehung zu deinem Himmlischen Vater mit vollkommenem Frieden. Es gibt Zeiten, da hörst du Ihn ganz persönlich zu deinem Herzen reden und du erkennst Seinen Willen klar und deutlich durch Sein geschriebenes Wort. Dann wiederum gibt es Zeiten, in denen Er schweigt und auch Sein Wort scheint dir verschlossen und leblos zu sein. Für diese Zeiten Seines Schweigens segne ich dich mit völligem Vertrauen und dem Frieden Gottes, der alles Verstehen übersteigt. Ich segne dich, dir in Zeiten der geistlichen Dürre keine Sorgen zu machen, dich aber daran zu erinnern, was Er dir in der Vergangenheit gesagt hat und daran festzuhalten. Ich segne dich mit der Verheissung aus Jeremia 17, 7-8:

Gesegnet ist der Mann, der auf den Herrn vertraut und dessen Vertrauen der Herr ist! Er wird sein wie ein Baum, der am Wasser gepflanzt ist und am

Bach seine Wurzeln ausstreckt und sich nicht fürchtet, wenn die Hitze kommt.
Sein Laub ist grün, im Jahr der Dürre ist er unbekümmert, und er hört nicht
auf, Frucht zu tragen.

Ich segne dich mit der Gewissheit, dass Er zur richtigen Zeit, am richtigen Ort wieder sprechen wird. Dein Gott ist auch in Zeiten Seines Schweigens mit dir und für dich, und du wirst rechtzeitig und klar hören können, was du hören musst, um die richtigen Entscheidungen treffen zu können.

_____ , ich segne dich, völligen Frieden zu empfinden, was die Zeitpläne Gottes betrifft. Ich segne dich, fortwährend das übernatürliche und perfekte Timing deines Himmlischen Vaters zu erkennen. Lass deinen Geist immer wieder darüber nachsinnen und sich freuen an der Treue Seiner Gegenwart, Seiner Versorgung, Seines Redens und Seines Eingreifens in den Verlauf von Ereignissen, denn Er handelt ganz gewiss und immer zum genau richtigen Zeitpunkt. Ich segne dich, deine Gedanken mit Erinnerungen an Erlebnisse von bereits erfahrener Treue Gottes erfüllt zu haben. So wird dein Friede auch in Situationen bestehen bleiben, in denen Gott noch nicht sichtbar gehandelt hat. Dadurch wirst du auch jedesmal aufs Neue gewiss sein, dass Er in Seiner Treue im perfekten Augenblick handeln wird, so wie du es bereits viele Male zuvor erfahren hast.

_____ , ich segne dich, sehen zu können, wie und wo dich der Vater überall behütet hat. Ich segne dich mit vollkommenem Frieden, weil du erfahren hast, dass du dich auf den Schutz deines Himmlischen Vaters verlassen kannst. Ich segne dich, die schöpferische Kraft deines Vaters mit eigenen Augen zu sehen, wenn Er dich aus Gefahr befreit und dich vor Schaden bewahrt. Ich segne dich, Situationen und Umstände erkennen zu können, in denen dein Vater in Seiner unergründlichen Weisheit und uneingeschränkten Macht eine Falle des Feindes wegräumte, noch bevor du sie selbst erkennen konntest. Ich segne dich mit stets zunehmendem Bewusstwerden, dass Gott deinen Geist, deine Seele, deinen Körper und deine Lebensberufung behütet und beschützt. Ich segne dich, seinen Schutz beständig und auf mancherlei Weise zu erkennen, damit du fähig wirst, Ihm so bedingungslos zu vertrauen, wie du damals im Mutterleib dem Herzschlag deiner Mutter vertraut hast.

_____ , ich segne dich mit einer Gesinnung, die ganz auf Christus ausgerichtet ist, damit du in Ihm Frieden und Geborgenheit hast.

Ich segne dich im Namen Jesu von Nazareth.

Tag 8   *Die Freude am Herrn*

_____, Geliebte/r Gottes,

Ich spreche im Namen Jesu von Nazareth zu deinem Geist. Höre auf Gottes Wort für dich:

Darum sprach er zu ihnen: Geht hin und esst fette Speisen und trinkt süsse Getränke und sendet davon auch denen, die nichts für sich bereitet haben; denn dieser Tag ist heilig unserm Herrn. Und seid nicht bekümmert; denn die Freude am Herrn ist eure Stärke³.   Nehemia 8,10

Während des Wiederaufbaus der zerstörten Stadtmauern von Jerusalem wollte Nehemia, dass die Leute an der Freude, die Gott für sie empfand, teilhaben konnten. Denn wenn sie Seine Freude über ihre bisherige Arbeit mitempfinden konnten, dann würden sie auch den Mut und die Kraft aufbringen, entschlossen weiterzumachen. Sie hatten noch ein grosses Stück Arbeit vor sich, um die niedergerissene Stadtmauer vollständig wiederherzustellen. Zudem musste auch das soziale Leben eines ganzen Volkes erst wieder hergestellt und belebt werden. Dazu kam, dass die nach Jerusalem zurückgekehrten Menschen viele von Gottes Verheissungen noch nicht persönlich erlebt hatten, da sich diese Zusagen erst noch erfüllen sollten.

_____, ich segne dich mit der Erfahrung, dass die Freude des Herrn sowohl dein Zufluchtsort als auch die Quelle deiner Kraft ist. Ich segne dich, die Freude Gottes in ihrer alles umfassenden, lebensspendenden Art und Weise zu erleben. Ich segne deinen Geist mit Wachstum, damit du in der Tiefe deines Wesens erkennen kannst, wie sehr sich dein Himmlischer Vater an dir freut. Ich segne dich, Gottes Wahrheit über deine Identität, deinen Wert und deine Berufung immer besser zu verstehen, um die Freude, die Er an dir hat, empfangen und geniessen zu können.

_____ , höre mit deinem Geist weiter auf Gottes Wort: *Und der Engel sprach zu ihr: Fürchte dich nicht, Maria, du hast Gnade bei Gott gefunden.* Lukas 11,30

Ich segne deinen Geist, das Ereignis des Engelbesuches bei Maria bis ins kleinste Detail zu studieren und richtiggehend in dich aufzunehmen. Dein Himmlischer Vater hat einen Engel zu einer jungen Frau geschickt, um ihr mitzuteilen, dass sie Sein Wohlgefallen erlangt hat und die Mutter von Jesus Christus, dem Messias, werden würde. Bis zu diesem Augenblick hatte sie keine Ahnung von der Gunst, die sie in den Augen des Vaters hatte, wie sehr Er sich an ihr freute und wie ausgesprochen zufrieden Er mit ihr war. Die Freude, die der Herr an ihr hatte, gab ihr die Stärke, durch die schwierigen vor ihr liegenden Monate zu gehen. Ich segne dich, diese Art der Freude zu erleben, wenn du durch schwierige Zeiten und Situationen gehst.

_____ , ich segne dich, mit der Wahrheit, die wir in Gideons Leben sehen können: *Da erschien ihm der Engel des Herrn und sprach zu ihm: Der Herr mit dir, du streitbarer Held!* Richter 6,12

Gideon wusste nicht, dass Gottes Gunst auf ihm ruhte. Gideon sah sich selbst als so unbedeutend und hilflos, dass er sich versteckte. Er konnte sich kaum vorstellen, dass Gott um seine Existenz wusste, geschweige denn, dass er in den Augen Gottes eine grosse Bedeutung hatte und als ein gewaltiger Krieger gesehen wurde. Er wusste auch nicht, dass Gott ihn schon vor Grundlegung der Welt dazu berufen hatte, Israel aus der Hand der Midianiter zu befreien.

Ich segne dich, _____ , mit der Freude und einer Berührung Gottes, die dein Herz und deinen Geist mit dem Bewusstsein versiegelt, dass du Gunst in Seinen Augen hast *und* dass Er Seine Berufung für dich mit dir kommunizieren wird.

Ich segne dich, die Freude zu erfahren, die dein Himmlischer Vater hat, wenn sich dein Geist erhebt und dem Heiligen Geist antwortet. Ich segne dich mit der Freude, die der Vater hat, wenn Er sieht, dass du dich entwickelst und heute weiter bist als gestern. Ich segne dich, die Freude des Vaters zu spüren, wenn Er an deine Zukunft und an all die Segnungen, die Überraschungen und göttlichen Begegnungen, die Er für dich vorbereitet hat, denkt. Ich segne dich, vollen Anteil an der Vorfreude deines Himmlischen Vaters zu haben, wenn Er an deine noch vor dir liegenden Wege denkt.

Ich segne dich, deines Vaters Begeisterung über dein Wesen und über jede Gabe, die Er in dich hineingelegt hat, zu geniessen. Ich segne dich, Seine Freude zu spüren, wenn Er sich über göttliche Begegnungen in deinem Leben und über die Entfaltung deiner Berufung, eine lebensspendende Person zu sein, freut. Ich segne dich, die Freude zu erfahren, die Er empfindet, wenn Er mit dir in den Werken zusammenarbeiten kann, die Er exklusiv für dich vorbereitet hat. Ich segne dich, Seine Freude darüber zu erleben, dass Er dich als einzigartige Persönlichkeit erschaffen hat.

Du bist Sein geliebtes Kunstwerk, das Er zu Seiner Freude und für Seine guten Absichten erschaffen hat.

Ich segne dich, Gottes Freude zu vervollkommnen, wenn Er dich unterweist, die richtigen Dinge, zur richtigen Zeit auf die richtige Art und Weise mit den richtigen Menschen zu tun. Ich segne dich mit einer so grossen Sensibilität für den Heiligen Geist, dass du mit deinem Geist instinktiv weisst, welches der richtige Ort ist und was du dort wie tun sollst.

_____ , ich segne dich, die Freude Gottes in einem solchen Masse zu erleben, dass du daraus die Kraft schöpfen kannst, die du brauchst, um vorwärts zu gehen, um in harten Zeiten zu bestehen und den Kampf auszuhalten, um dich vorzubereiten und nicht auszuweichen, wenn du mit Leiden und Mühe konfrontiert bist. Ich segne dich, in der Freude, die Er an dir hat, so tief verwurzelt zu sein, dass der

Widerstand anderer Menschen dir nichts anhaben kann und dass du dich rasch von Enttäuschungen, Schmerzen, Sorgen und jeglichen negativen Emotionen erholen kannst, indem du schnell in die Freude deines Vaters zurückkehrst.

_____ , dein Himmlischer Vater hat dich mit Meisterhand erschaffen. Er hat dein Leben in einmaliger Art und Weise für diese Epoche der Weltgeschichte geschaffen. Er hat die Zeit, in der du leben solltest ausgewählt, ebenso die Familie, in der du aufwachsen würdest und Er hat alle deine Tage in Sein Buch geschrieben, noch bevor der erste von ihnen begann. Das Wunderwerk, als das Er dich erschaffen hat und Seine Pläne für dich, haben für alle Ewigkeit vor Seinem Thron Bestand. Ich segne dich mit beständiger Kraft, an dem Ort zu sein, an den Gott dich berufen hat und deinem Auftrag gemäss zu leben, indem du dich an der Freude nährst und sättigst, die Gott der Vater an dir hat. Du bist Sein über alles geliebtes, kunstvolles Werk, das Er zu Seiner Freude und für Seine guten Absichten erschaffen hat.

Ich segne dich im Namen Jesu von Nazareth.

Tag 9   Das Königreich des Friedens

_____ , Geliebte/r Gottes,

Im Namen Jesu von Nazareth spreche ich zu deinem Geist. Höre auf Gottes Wort für dich:

Das Volk, das im Finstern wandelt, sieht ein grosses Licht, und über denen, die da wohnen im finstern Lande, scheint es hell. Du weckst lauten Jubel, du machst gross die Freude. Vor dir wird man sich freuen, wie man sich freut in der Ernte, wie man fröhlich ist, wenn man Beute austeilt [...] Denn uns ist ein Kind geboren, ein Sohn ist uns gegeben, und die Herrschaft ruht auf seiner Schulter; und er heisst Wunder-Rat, Gott-Held, Ewig-Vater, Friede-Fürst; auf dass seine Herrschaft gross werde und des Friedens kein Ende auf dem Thron Davids und in seinem Königreich, dass er's stärke und stütze durch Recht und Gerechtigkeit von nun an bis in Ewigkeit. Solches wird tun der Eifer des Herrn Zebaoth.   Jesaja 9, 1-2, 5-6

Ich bin der Herr, und sonst keiner mehr, der ich das Licht mache und schaffe die Finsternis, der ich Frieden gebe und schaffe Unheil. Ich bin der Herr, der dies alles tut.   Jesaja 45,7

_____ , du lebst unter dem Schutz Gottes, der das Unmögliche möglich macht. Ich segne dich mit Seinem göttlichen Frieden. Er schafft Licht inmitten grösster Dunkelheit. Sein Licht durchdringt sogar die äusserste Finsternis im Tal des Todes. Ich segne dich mit der Erfahrung, dass Gott Frieden schafft, ganz egal wie deine Umstände auch sein mögen.

Wir leben in einer schwierigen und unruhigen Zeit, in der Regierungen vielfach zu den Waffen greifen, in der Terrorismus stetig zunimmt und überall eine generelle Verunsicherung und Verwirrung herrscht. Die Welt wird durch zunehmende Gottlosigkeit, böswillige Arroganz, stumpfe Gleichgültigkeit und durch die Gerichte Gottes mehr und mehr erschüttert. Viele Situationen, denen du in deinem Leben begegnest, tragen ganz und gar nicht zum Frieden bei. Und dennoch, obwohl du in einer dunklen und schwierigen Zeit lebst, kannst du tagtäglich im Licht wandeln. Gott sagt, dass das Licht Seiner Gegenwart auch die tiefste Dunkelheit durchdringt und erhellt.

_____ , ich segne dich, von Umständen unabhängig zu sein. Empfange stattdessen vielmehr die Fülle des Friedens deines Himmlischen Vaters, egal wie dunkel es um dich ist. Ich segne dich mit dem Frieden, der dann kommen kann, wenn der Friedefürst in dir regiert. Ich segne dich, Jesus Christus den Friedefürsten, zu erkennen und dich Seiner Herrschaft zu unterordnen. Ich segne dich zu erleben, wie sich unter Seiner Herrschaft das Königreich Seines Friedens in deinem Leben – und dadurch auch in deinem Umfeld – mehr und mehr ausbreitet. Ich segne dich mit dem Frieden, den Er in dir und um dich herum bewirkt. Die Herrschaft Seines Friedens soll kein Ende haben. Ich segne dich, dass du den gewaltigen Unterschied zwischen einem Leben in Seinem Königreich des Lichts und des Friedens und einem Leben im Reich der Finsternis klar erkennen und erleben kannst.

> *Obwohl du in einer dunklen und schwierigen Zeit lebst, kannst du tagtäglich im Licht wandeln. Gott sagt, dass das Licht Seiner Gegenwart auch die tiefste Dunkelheit durchdringt und erhellt.*

Ich segne dich mit einer Salbung des Friedens, die aus dir herausströmt und so den Frieden des Herrn Jesus Christus zu denen bringt, die Ihn noch nicht kennen. Wenn du in diesem Frieden wandelst, wird der Friede bei den Menschen um dich herum ebenfalls zunehmen, auch wenn sie Unruhe und Sorge in sich tragen. Ich segne dich dafür bekannt zu sein, dass der Friede Gottes mit dir kommt, wo immer du hingehst. Mögen Menschen, die nach diesem Frieden verlangen und dich aufsuchen, davon gesättigt werden und selbst zu Friedensträgern heranwachsen.

_____ , ich segne dich, Teil einer Glaubensgemeinschaft zu sein, die den Frieden Gottes erlebt und in einer tiefen Hingabe an den König der Könige, den Herrn der Herren, den Friedefürsten Jesus Christus lebt; eine Gemeinschaft, die gelernt hat, Jesus über alles zu erheben. Durch den durchdringenden, tiefgreifenden Frieden einer Gemeinschaft von Gläubigen wird eine Welt, die sich im Dunkeln befindet, von Gott berührt. Ich segne dich, Gleichgesinnte zu finden, damit sich Gottes Friede multiplizieren und ausbreiten kann. Damit seid ihr Teil des grossen Lichts, das denen leuchtet, die im Dunkeln wandeln.

Ich segne dich mit einer immerzu tieferen Verbundenheit mit dem Gott des Friedens. Ich segne dich mit Seinem Frieden im Namen des Friedefürsten, Jesus Christus.

Tag 10 *Geist, Seele und Leib*

_____ , Geliebte/r Gottes,

Höre mit deinem Geist auf Gottes Wort für dich.

Gnade und Friede werde euch mehr und mehr zuteil in der Erkenntnis
Gottes und unseres Herrn Jesus! Da seine göttliche Kraft uns alles geschenkt hat,
was zum Leben und zum Wandel in Gottesfurcht dient, durch die Erkenntnis
dessen, der uns berufen hat durch seine Herrlichkeit und Tugend, durch welche
er uns die überaus grossen und kostbaren Verheissungen gegeben hat, damit ihr
durch dieselben göttlicher Natur teilhaftig werdet, nachdem ihr dem Verderben
entflohen seid, das durch die Begierde in der Welt herrscht, so setzt eben des-
halb allen Eifer daran und reicht in eurem Glauben die Tugend dar, in der Tu-
gend aber die Erkenntnis, in der Erkenntnis aber die Selbstbeherrschung, in der
Selbstbeherrschung aber das standhafte Ausharren, im standhaften Ausharren
aber die Gottesfurcht, in der Gottesfurcht aber die Bruderliebe, in der Bruder-
liebe aber die Liebe. Denn wenn diese Dinge bei euch vorhanden sind und zu-
nehmen, so lassen sie euch nicht träge noch unfruchtbar sein für die Erkenntnis
unseres Herrn Jesus Christus.   2. Petrus 1,2-8

_____ , dein Himmlischer Vater hat deinen Geist, deine
Seele und deinen Körper geplant und geschaffen. Er hat sie aufeinander
abgestimmt und jedem eine von Ihm bestimmte Aufgabe für ein ganz-
heitliches, fruchtbringendes Leben gegeben.

Als dein Schöpfer dich erschuf, sprach Er den Segen „es ist sehr gut"
über dir aus. Er gab Geist, Seele und Leib ihre ordnungsgemässe Stellung in deinem Leben. Ich segne dich im Namen Jesu, in diese göttliche
Schöpfungsordnung einzutreten.

Dein Geist ist von Gott berufen und befähigt, die höchste Stellung in
deinem Leben und damit auch die Lebensführung zu übernehmen. Des-

halb lade ich deinen Geist ein, den Herrschaftssitz des Lebens voll und ganz einzunehmen. Dein Geist darf und soll hellwach und aufmerksam sein. Ich segne deinen Geist, das Angesicht des Vaters zu suchen, um von der Wahrheit der bedingungslosen Liebe und Annahme durchdrungen zu werden. Ich segne deinen Geist, die Stimme des Heiligen Geistes klar und unverfälscht hören und verstehen zu können. In den Augen Gottes bist du angenommen, geliebt, befähigt und vollkommen gemacht. Nichts kann dich von Seiner Liebe jemals trennen. Dein Himmlischer Vater schenkt dir Seine unbeschreibliche Liebe und Wertschätzung und jubelt über deine unverwechselbare Einzigartigkeit. Er scheut nicht davor zurück, dass es in deinem Leben noch Dinge gibt, die Heilung, Befreiung und Entwicklung brauchen. Es gibt keinen Mangel und keine Zerbrochenheit, die Seine Fähigkeit zu heilen und wiederherzustellen jemals übersteigen würden. Er hat dir verheissen, dir Gnade und Frieden im Überfluss zu geben und Er wird es auch tun. Je intensiver du Jesus nachfolgst und je besser du Ihn kennenlernst, umso mehr wirst du erfahren, dass Seine göttliche Kraft dir alles in Fülle geschenkt hat, was du zum Leben und Wandel in Integrität vor Gott und Menschen benötigst.

_____ , höre mit deinem Geist weiter auf die Verheissungen deines Himmlischen Vaters. Durch Seine Macht hat Er dir in Jesus Christus Seine grössten und kostbarsten Zusagen gegeben. Dadurch kannst du an Seiner göttlichen Natur Anteil bekommen und dem Verderben entfliehen, dem diese Welt aufgrund ihrer Begierden ausgeliefert ist. Empfange diese Gnade und diese Verheissungen in deinem Geist. Strecke dich durch die Kraft Gottes danach aus, deinen Glauben fortwährend in Integrität, Erkenntnis, Selbstbeherrschung, Standhaftigkeit und Ausdauer, Ehrfurcht vor Gott, Liebe zu den Glaubensgeschwistern und Nächstenliebe wachsen zu lassen. Dadurch wirst du Jesus Christus, deinen Herrn, immer besser und tiefer kennen lernen und dein Glaube wird tätig und fruchtbar sein.

Gemäss den Ordnungen Gottes ist deine Seele berufen, unter der Führung und Leitung deines Geistes zu leben und zu wirken. Sie hat nicht die Aufgabe, die Verantwortung für die Lebensführung zu tragen.

Am Ort ihrer Berufung erfährt die Seele Heilung und Wiederherstellung. Sie kann aufblühen und sich entfalten. Unter der Führung deines Geistes ist deine Seele frei von lähmender Zukunftsangst, Menschenfurcht, Versagensängsten und Hoffnungslosigkeit. Dein Geist muss die Seele fortwährend daran erinnern, dass sie nie von Gott verlassen wird. Er hilft ihr auch, die vollkommene Liebe des Vaters, die alle Furcht austreibt, zu empfangen. Es ist die Berufung deines Geistes, deiner Seele zu dienen und ihr die Worte deines Himmlischen Vaters kundzutun. Wenn dein Geist vorangeht, wird deine Seele folgen können und mehr und mehr befähig werden, auf die Stimme des Heiligen Geistes zu achten und sich sicher, geborgen und angenommen zu fühlen. Ohne die Führung und Leitung deines Geistes wird sie nur allzu schnell durch Lebensumstände, Unwahrheiten, religiöse Geister und Leistungsdruck in Hast und Unruhe versetzt.

Lass deinen Geist in Gottes Gegenwart von Seinen Verheissungen für dich und von Seinem Wohlgefallen an dir durchdrungen werden, damit er deiner Seele dienen kann, wie es David zum Beispiel in den Psalmen 62 und 103 tat, als er zu seiner Seele sprach:

Aber sei nur stille zu Gott, meine Seele; denn Er ist meine Hoffnung. Er ist mein Fels, meine Hilfe und mein Schutz, dass ich nicht fallen werde.

Lobe den Herrn, meine Seele, und alles, was in mir ist, Seinen heiligen Namen! Lobe den Herrn, meine Seele, und vergiss nicht, was Er dir Gutes getan hat! Der dir alle deine Sünden vergibt und heilt alle deine Gebrechen; der dein Leben vom Verderben erlöst, der dich krönt mit Gnade und Barmherzigkeit; der dein Alter mit Gutem sättigt, dass du wieder jung wirst wie ein Adler...

Noch einmal segne ich dich mit der göttlichen Schöpfungsordnung von Geist, Seele und Leib. Durch die Harmonie der Ordnungen Gottes, in welcher sich der Leib unter der Leitung deines Geistes und deiner Seele befindet, wird auch dein Körper gedeihen und aufblühen können. Im Namen Jesu segne ich alle deine Körperfunktionen und Lebenssysteme mit Gottes Kraft und Heil. Möge jede Funktionsweise deines Körpers mit den erstaunlichen und wunderbaren Gedanken Gottes in Einklang kommen.

_____ , Gott hat nicht nur eine Ordnung für deinen Geist, deine Seele und deinen Leib geschaffen hat, Er hat dir auch einen ganz bestimmten Platz in der Menschheitsgeschichte gegeben und Ort und Zeitpunkt für dein Leben bestimmt. Sein Bund des Lebens, des Friedens und der Freude bestand lange bevor der Feind dich jemals angreifen konnte und wird für immer bestehen. Ich segne dich, durch die überaus grossen und kostbaren Verheissungen vollen Anteil an Seiner göttlichen Natur, Seinem Bund und Seinen Segnungen zu haben. Durch den Tod Jesu am Kreuz, Seine Auferstehung und die Ausgiessung des Heiligen Geistes hat Gott Seine Verheissungen wahrgemacht, bestätigt und versiegelt.

Ich segne dich im Namen Jesus von Nazareth.

Tag 11 **Rettung und Bewahrung**

_____ , Geliebte/r Gottes,

Höre mit deinem Geist auf Gottes Wort für dich:

Denn er deckt mich in seiner Hütte zur bösen Zeit, er birgt mich im Schutz seines Zeltes und erhöht mich auf einen Felsen. Und nun erhebt sich mein Haupt über meine Feinde, die um mich her sind; darum will ich Lob opfern in seinem Zelt, ich will singen und Lob sagen dem Herrn. Psalm 27, 5-6

_____ , es gibt Zeiten, in denen es richtig ist, Bedrängnis und Mühsal zu ertragen, im Wissen darum, dass auf der andern Seite des dunkeln Tales Freude auf dich wartet. Mit dem Ziel vor Augen, diese Freude zu erlangen, kämpfst du dich Schritt um Schritt durch solch schmerzhafte Zeiten.

Doch es gibt auch schwierige Zeiten, in denen du noch im selben Moment, in dem du zu Gott rufst, Befreiung und Rettung durch deinen Himmlischen Vater, den Allerhöchsten Gott erlebst. Noch während du rufst, befreit Er dich aus den Fängen des Feindes, räumt dir Hindernisse aus dem Weg und bringt dich in Sicherheit.

Ich segne dich, unterscheiden zu können, was wann dran ist.

Ich segne dich mit Mut und Beharrlichkeit, um dich durch harte Zeiten hindurchzukämpfen, wann immer dies nötig ist. Ich segne dich aber auch mit Freimütigkeit, vertrauensvoll deinen Himmlischen Vater zu bitten, dich übernatürlich aus der Bedrängnis zu retten, wenn es nicht an dir ist, die Schlacht selbst zu kämpfen.

Ich segne dich, Seine vielfältige Hilfe und Versorgung in jeder Situation erkennen zu können. Und ich segne dich mit Freude an Seinen unzähligen kreativen Wegen, dir zu helfen. Es sei, dass Er dir Lösungen für kleine oder grosse Probleme zeigt, dich aus bedrohlichen Lebenskrisen errettet oder dich nach einer kleinen Irritation wieder an einen Ort des Friedens bringt. Ich segne dich mit der Freude, deinem Himmlischen Vater zuschauen zu dürfen, wie Er sich mit Leichtigkeit um die Sachen kümmert, die dich irritieren und aus dem Gleichgewicht werfen. Ich segne dich nicht nur mit Errettung aus Bedrängnis, sondern auch mit einem tiefen Gefühl der Geborgenheit in Ihm und mit überfliessender Dankbarkeit für die erfahrene Hilfe.

Ich segne deinen Geist, dich inmitten deiner Unmöglichkeiten an Gottes unbegrenzte Möglichkeiten zu erinnern. Ich segne dich, mit geöffneten Augen, die inmitten grösster Herausforderungen Gottes Gegenwart sehen können, damit du nicht länger vor Problemen davonrennen musst. Ich segne dich, Herausforderungen und Schwierigkeiten als eine Gelegenheit sehen zu lernen, in der sich Gott dir offenbaren will, denn wenn du Sein Eingreifen und Seine Macht erlebst, wird dein Glaube gestärkt und dein Leben bereichert.

Ich segne dich mit den Segnungen, die Daniel in seinem Wandel mit Gott erfuhr. Er erlebte Gottes Treue so viele Male, dass er – als er in die Löwengrube geworfen wurde – nicht von Angst und Furcht überwältigt wurde. Stattdessen erlebte er, wie Gott den Rachen der Tiere verschlossen hielt, damit sie ihm nichts anhaben konnten.

_____, ich segne dich mit der gleichen Sicherheit, die David hatte als er in das Lager seines Widersachers marschierte und mit Sauls Spiess und Wasserkrug zurückkam. Ich segne dich, das Eingreifen deines Himmlischen Vaters so oft und so tiefgreifend zu erleben, dass du dich in Ihm allezeit und überall sicher und geborgen fühlst.

Ich segne dich, Sein übernatürliches Eingreifen zu erfahren, damit du anderen Menschen von Seinen herrlichen Taten erzählen kannst. Ich segne dich mit der Freude, anderen diesen Glauben und dein in Gott Geborgensein, weiterzuvermitteln. Ich segne dich mit vielen verschiedenen

Erlebnissen von Gottes Eingreifen. Möge es dich tiefgehend prägen, wenn du erlebst, wie Er dir zu Hilfe eilt, um dich vor den zerstörerischen Fängen des Feindes zu retten, dann wird dein Erzählen davon den Glauben deiner Zuhörer entfachen. So werden auch sie von Angst befreit und befähigt, im Glauben voranzugehen und Gott um Sein Eingreifen in ihren eigenen Lebensumständen zu bitten.

> *Ich segne deinen Geist,*
> *dich an Gottes*
> *unbegrenzte Möglichkeiten*
> *zu erinnern.*

Ich segne dich mit der Salbung, die Paulus auf seiner Reise nach Rom hatte. Entgegen der Warnung von Paulus, liess der Kapitän seines Schiffes die Segel setzen und verliess in der Jahreszeit der gefährlichen Winterstürme den sicheren Hafen. Als der Sturm aufkam, brach das Schiff auseinander und ging unter, doch weil Paulus an Bord war, rettete Gott die Leben aller Beteiligten. Ich segne dich mit einer solch kraftvollen Salbung der Rettung und Bewahrung, dass die Menschen um dich herum ebenfalls Gottes Bewahrung erleben.

Ich segne dich, die Freude über das Eingreifen deines Himmlischen Vaters in wunderbarem Jubel und Lobpreis zum Ausdruck zu bringen. Doch ich segne dich auch, bei dieser Freude über die Errettung und Befreiung nicht stehen zu bleiben, sondern sie in innige und verehrende Anbetung zu verwandeln. Ich segne dein Herz, sich beständig an Seine Macht und Seine herrlichen Taten zu erinnern, Gott zu preisen und zu verherrlichen und dadurch Menschen zu ermutigen, deinen Gott kennenzulernen.

_____ , ich segne dich mit Jubel über Gottes Eingreifen und mit Jauchzen über Seine Rettung vor der Zerstörungswut des Feindes. Ich segne dich mit Gewissheit und Freude, von deinem Gott, dem du von ganzem Herzen dienst, errettet zu werden.

Ich segne dich im Namen Jesu von Nazareth.

Tag 12 *Gehorsam*

_____ , Geliebte/r Gottes,

Ich spreche im Namen Jesu von Nazareth zu deinem Geist. Höre auf Gottes Wort für dich:

Wie mich mein Vater liebt, so liebe ich euch auch. Bleibt in meiner Liebe! Wenn ihr meine Gebote haltet, so bleibt ihr in meiner Liebe, wie ich meines Vaters Gebote halte und bleibe in Seiner Liebe. Das sage ich euch, damit meine Freude in euch bleibe und eure Freude vollkommen werde.   Johannes 15, 9-11

_____ , ich segne dich mit der Freude, die durch den Gehorsam Gott gegenüber kommt und mit der Erfahrung, dass Gehorsam Freude und nicht einengender Zwang ist. Ich segne dich mit Freude, deinem Himmlischen Vater aus lauter Liebe zu gehorchen, auch in den kleinsten Details des Lebens.

Es ist schrecklich, wenn man nur deshalb gehorsam ist oder Verpflichtungen erfüllt, weil man sich vor unangenehmen Folgen und Strafen als Konsequenz des Ungehorsams fürchtet. Doch es ist herrlich, Gott aus freien Stücken zu gehorchen, weil du Ihn erfreuen und beglücken willst und dann das Vergnügen zu haben, die Freude und Liebe deines Himmlischen Vaters zu erleben.

Ich segne dich, die Frucht deines freudigen Gehorsams nicht nur im geistlichen, sondern auch im natürlichen Bereich ganz konkret zu erleben. Ich segne dich, die Gesetzmässigkeiten des Gehorsams zu verstehen. Es bringt eine gewaltige Freude hervor, allgemeingültige Ursache/Wirkung-Beziehungen, die Gott geschaffen hat, in der Natur, in zwischenmenschlichen Beziehungen, in geistlicher Intimität und Autorität zu studieren und zu begreifen. Ich segne dich zu verstehen, wie du verschiedene Prinzipien miteinander kombinieren und auf unterschiedliche Situationen übertragen kannst. Ich segne dich, bis anhin noch verborgene Wahrheiten und Weisheiten in der Heiligen Schrift zu entdecken. Und ich segne dich mit grosser Freude, in die Erstlingsfrüchte deiner Entdeckungen zu investieren, damit du in deinem eigenen, wie im Leben anderer, schon bald die befreiende Kraft von Gottes Wahrheit erleben und feiern kannst.

Mögen Menschen dir Probleme anvertrauen, die dich veranlassen, tief in Gottes Wort zu forschen, um Lösungen dafür zu finden. Ich segne dich mit Augen, die in den biblischen Biographien verborgene Reichtümer finden. Ich segne dich zu sehen, wo diese Menschen den Segen ihrer Vorfahren erbten und wo sie die Konsequenzen durch das Beachten oder Missachten göttlicher Prinzipien ernteten, damit du daraus Einsichten für dein eigenes Leben gewinnen kannst. Ich segne dich mit Augen, die die Freude erkennen, die durch den Gehorsam gegenüber Gottes Wahrheiten kommt.

Ich segne dich, die Frucht deines freudigen Gehorsams nicht nur im geistlichen, sondern auch im natürlichen Bereich ganz konkret zu erleben.

Ich segne dich, die vielfältigen Liebeserweise und die grosse Freude deines Vaters auf mancherlei Weise zu erfahren, wenn du deine Liebe für Ihn durch deinen Gehorsam gegenüber Seinen Weisungen und Geboten zum Ausdruck bringst. Jede neue Gehorsamstufe wird eine neue Dimension der Freude deines Vaters an dir hervorbringen. Wenn du Seinen Geboten Folge leistest, jubelt dein Vater über dich. Ich segne deine geistlichen Augen und Ohren und die Augen deines Verstandes, damit sie Seine Liebe erkennen und empfangen können. So wird Seine Liebe für dich, dich zu immer grösserem Gehorsam anspornen.

Ich segne dich, in deiner Umgebung die Norm für Gehorsam zu prägen. Mach es zu deinem geistlichen Ziel, als ein Mensch bekannt zu sein, der Gott liebt und der von Gott geliebt ist. Ich segne dich, zu denjenigen zu gehören, die das alte Bild der Gesetzlichkeit ersetzen, indem man in ihren Leben die völlige Verschmelzung von Liebe und Gehorsam sehen kann. Ich segne dich, Gottes Liebe zu geniessen, währenddem du dich an den vielen Gaben deines Himmlischen Vaters erfreust. Möge dies dein Erkennungsmerkmal in deiner Umgebung sein. Ich segne dich mit der Liebe, die dich zu diesem Gehorsam motiviert und mit dem Gehorsam, der dich in diese Dimension der Liebe führt, genau wie es in Johannes 15 beschrieben wird: *Wie mich mein Vater liebt, so liebe ich euch auch. Bleibt in meiner Liebe! Wenn ihr meine Gebote haltet, so bleibt ihr in meiner Liebe, wie ich meines Vaters Gebote halte und bleibe in Seiner Liebe. Das sage ich euch, damit meine Freude in euch bleibe und eure Freude vollkommen werde.*

Johannes 15, 9-11

_____, ich segne dich mit dieser vollkommenen Freude, und mit der fortlaufenden Entdeckung neuer Gehorsamsbereiche, die dich in noch grössere Freude führen, während du immer mehr die Vater-liebe Gottes erfährst, die auf dir ruht.

Ich segne dich im Namen Jesu von Nazareth.

Tag 13 *Geliebt, gelehrt und begleitet*

_____ , Geliebte/r Gottes,

Im Namen Jesu von Nazareth spreche ich deinem Geist zu: Höre auf Gottes Wort für dich.

Und alle deine Kinder werden vom Herrn gelehrt, und der Friede deiner Kinder wird gross sein. Jesaja 54,13

_____ , ich segne dich mit der Gewissheit, dass du deines Himmlischen Vaters geliebtes Kind bist, und dass Er jedes noch so kleine Detail deines Wesens kennt. Gott weiss, was Er in dich hineingelegt hat und was du zur Entfaltung Seiner Gaben brauchst. Ich segne dich mit der Unterweisung, dem Rat und der Begleitung durch den Höchsten Gott. Wie ein Lehrling nicht nur theoretische Informationen bekommt, sondern von seinem Meister auch im praktischen Handwerk angeleitet und ausgebildet wird, will auch Gott dich in deinem Leben lehren und anleiten. Ich segne den Prozess, durch den Er dein Wesen und deine Identität zur vollen Entfaltung bringt. Weil Gott in deinem Leben präsent

Er ist der Meister der Wiederherstellung, darum segne ich dich mit Seiner Salbung und Seinem Geschick.

ist, wirst du nicht nur Seine Gegenwart, sondern auch die Erfüllung deiner Lebensberufung erfahren. Der Herr wird dich lehren und unterweisen, Christus ähnlich zu werden. Ich segne dich mit der Erkenntnis, dass die Hand des Herrn über allen deinen Lebensumständen wacht, damit jede Situation zu einer Gelegenheit wird, in der dich Sein Heiliger Geist lehren, ermutigen und zurüsten kann.

Ich segne dich, _____ , jede einzelne in dir angelegte Gabe und Fähigkeit zu entwickeln, damit du ganzheitlich wächst und gedeihst. Ich segne dich, Defizite und Zerbrochenheit zu erkennen, zu heilen und zu überwinden. Doch das soll nicht dein einziger Fokus sein. Ich segne dich vielmehr, den ganzen Reichtum in dir zu entdecken, damit keine deiner Gaben brach liegen bleibt. Möge sich dein ganzes Potential entfalten und dein Leben viel Frucht tragen. Ich segne dich zu erkennen, wozu dich dein Vater berufen hat, und wie du deine Gaben einsetzen kannst, um deine Lebensaufgabe echt und glaubwürdig zu erfüllen.

Ich segne dich mit einer Salbung tiefen Friedens, weil du vom Friedefürst persönlich geliebt, gelehrt und begleitet wirst. Möge dein Friede so gross sein, dass er als Generationensegen auf deine leiblichen und geistlichen Nachkommen übergeht. Auch deine zwischenmenschlichen Beziehungen segne ich mit Gottes Frieden, mit Versöhnung, Ganzheitlichkeit und mit Erfüllung. Ich segne dich, dazu beizutragen, dass im Leben deiner Mitmenschen

Ich segne dich mit der Unterweisung, dem Rat und der Begleitung durch den Höchsten Gott.

Frieden freigesetzt wird und dass du wiederum durch die Begabungen anderer reich beschenkt wirst. Ich segne dich, vom Herrn zu lernen, wie du zerbrochene Beziehungen heilen und wieder aufbauen kannst. Der Allmächtige vollbringt dieses Heilungswerk fortwährend schon seit Beginn der Menschheitsgeschichte, deshalb lerne von Ihm. Er ist der Meister der Wiederherstellung, darum segne ich dich mit Seiner Salbung und Seinem Geschick. Ich segne dich, lebensspendende, ganzheitliche und harmonische Beziehungen aufzubauen.

Du wirst immer wieder auch Menschen begegnen, die dich nicht unterstützen oder nicht akzeptieren, wer du bist. In diesen Situationen wird der Herr dich lehren, wie du damit umgehen sollst. Er wird dir zeigen, ob du eine Zeit lang in einer Umgebung der Ablehnung ausharren oder ob und wann du weiterziehen sollst. Gott hat unbegrenzte Möglichkeiten, dich sowohl in einer Atmosphäre der Annahme, als auch unter widrigen Umständen zu unterweisen und dich aufblühen und gedeihen zu lassen. Ich segne dich, Weisung vom Herrn empfangen zu können, damit du erkennst, ob es Zeit ist auszuharren oder weiterzuziehen. Unter Seiner Leitung kannst du, von deinen Umständen unabhängig, allezeit im vollkommenen Frieden Gottes ruhen.

_____ , ich segne deinen Geist, deine Seele und deinen Körper mit Seinem Frieden. Und ich segne dich mit vollständiger Entfaltung deiner Begabungen. Ich segne dein Lebenswerk mit Erfüllung, Harmonie und Ganzheitlichkeit im Namen Jesu von Nazareth, der der vollkommene Friede ist.

Tag 14 *Gunst erfahren*

_____ , du von Gott Geliebte/r,

Ich lade dich ein, mit deinem Geist aufmerksam auf Gottes Wort für dich zu hören.

Und sie hielten das Fest der Ungesäuerten Brote sieben Tage lang mit Freuden; denn der Herr hatte sie fröhlich gemacht und das Herz des Königs von Assur ihnen zugewandt, damit sie gestärkt würden zur Arbeit am Hause des Gottes, der der Gott Israels ist.   Esra 6, 22

_____ , ich segne dich mit der Freude, in der Gesellschaft Gunst zu erfahren. Ich segne dich mit Menschen, die an deine Seite kommen, die dich in der Aufgabe, zu der du berufen bist, bereitwillig unterstützen und dir helfend beistehen. Ich segne dich mit Menschen, von denen Ströme des Lebens zu dir fliessen; Menschen, die an dich glauben, dich ermutigen und anspornen und die Initiative ergreifen, dir zu helfen, deine gottgegebene Vision umzusetzen.

_____ , ich segne dich mit der gleichen göttlichen Kraft und Weisheit der Wiederherstellung wie Esra sie hatte. Ich segne dich auch mit der Freisetzung der nötigen Ressourcen. Du sollst Wohlwollen finden, damit du vollumfänglich tun kannst, was Gott dir aufgetragen hat, denn du bist berufen, Gottes Werk zu Gottes Zeit und auf Seine Weise auszuführen. Ich segne dich mit der grosszügigen Unterstützung von Menschen, die dir den Weg ebnen und Möglichkeiten finden, dich zu fördern und die dich mit ihren Talenten ganz praktisch unterstützen. Genau wie dies einst beim König von Persien geschah, segne ich auch dich mit der Gunst von Menschen, die früher Feinde Christi waren. Dieser persische König änderte damals seine Meinung und liess die gefangen Juden in ihre Heimat zurückgehen. Er hatte sie dabei nicht nur mit Freiheit, sondern auch mit Tempelschätzen, mit grosszügigen Geldspenden der

Reichen seines Landes und mit Steuererlass beschenkt. Darüber hinaus gab er ihnen grosszügigste Mittel zum Wiederaufbau des Hauses Gottes. Ein heidnischer König, der nicht am Gott der Juden interessiert war, ist dennoch von Gott dazu bewegt worden, ihnen reiche Gunst zu erweisen. Ich segne dich mit Gunst bei Behörden und Entscheidungsträgern, mit Gunst in der Geschäftswelt und mit Gunst wo immer du gehst. Ich segne dich, mit Gunst überrascht zu werden, wo du es am wenigsten erwartest. Ich segne dich zu erleben, wie Gott die Herzen derer berührt, die Gottes Sache entweder gleichgültig oder in Opposition gegenüber stehen.

Verantwortliche in Wirtschaft, Politik und Kirche realisieren immer mehr, dass ihnen Antworten auf die dringenden Fragen unserer Zeit fehlen und dass es ihnen an Weisheit mangelt, um die Zerbrochenheit der Menschheit heilen zu können. Ich segne dich mit Gunst und Weisheit zur Wiederherstellung der Gesellschaft, in der du lebst. Ich segne dich mit Gottes Gegenwart, damit die Verwundeten und Angeschlagenen aus allen Gesellschaftsschichten mit Wohlwollen auf dich blicken, sich an dich wenden und so durch dich Gottes Heil und Weisheit finden.

_____, ich segne dich, Gunst zu haben, die frei von Misstrauen und Eifersucht ist. Mögest du statt Missgunst und Ablehnung, Anerkennung und Bestätigung von deinen Mitmenschen erfahren, weil sie erkennen können, dass Gottes Gunst in deinem Leben für viele zum Segen geworden ist. Ich segne dich, Wohlwollen sowohl in deinen persönlichen Beziehungen wie auch in der Gesellschaft zu erfahren, damit du tun kannst, wozu du geboren und berufen bist.

Ich segne dich im Namen Jesus von Nazareth.

Tag 15 *Probleme lösen*

Du von Gott Geliebte/r,

_____ , im Namen Jesu lade ich deinen Geist ein, aufmerksam zuzuhören und auf Gottes Wort für dich zu achten.

[…] damit jetzt den Gewalten und Mächten in der Himmelswelt durch die Gemeinde die mannigfaltige Weisheit Gottes zu erkennen gegeben werde.
Epheser 3, 10

Und ich segne dich, mit dem Wort aus Jakobus 1,2: *Meine lieben Brüder, erachtet es für lauter Freude, wenn ihr in mancherlei Anfechtungen fallt, …*

Hier stehen sich zwei Gegensätze gegenüber: Die mannigfaltige Weisheit und die mancherlei Anfechtungen.

Ich segne dich, _____ , dass du mit deinen geistlichen und leiblichen Augen Gottes Gegenwart in Situationen erkennen kannst, die andere als Probleme bezeichnen. Unsere Kultur ist darauf bedacht, Schwierigkeiten aus dem Weg zu gehen und bezeichnet diejenigen als glücklich, die scheinbar keine Schwierigkeiten haben oder ihre Probleme an andere delegieren können, um sich nicht selbst darum kümmern zu müssen. Doch das ist eine Täuschung und stimmt nicht mit Gottes Wort überein.

Mit dem Garten Eden schenkte Gott Adam und Eva nicht nur eine perfekte Umgebung, sondern auch eine vollkommene Beziehung zu Ihm. Doch Er schuf auch eine Herausforderung für sie (1. Mose 1,28): Sie sollten die Fülle des Gartens und die Vorzüge ihrer Gottesbeziehung nutzen, um die restliche Erde zu füllen und sich die Erde untertan zu machen. _____ , ich segne dich mit Glauben, damit du gerade dann Freude im Herzen behalten kannst, wenn du direkt mit Problemen konfrontiert bist.

Dein Himmlischer Vater hat dich berufen, Probleme anzupacken und zu lösen anstatt vor ihnen davonzurennen, zu kapitulieren oder sie zu ignorieren. Die Herausforderungen, die du zu lösen berufen bist, bergen grosse Schätze für dein eigenes sowie für das Leben anderer. An Menschen erinnert man sich, entweder weil sie Probleme verursacht oder Probleme gelöst haben. _____, ich segne dich, zu denjenigen zu gehören, an die man sich erinnert, weil sie zur Lösung von Problemen beigetragen haben. Ich segne dich nicht nur mit Weisheit, sondern auch mit Freude, wann immer du einer neuen Herausforderung begegnest. Ich segne dich, anstatt Entmutigung und Klagen Raum zu geben, dich königlich zu freuen, weil du weisst, dass Gott dir eine Lösung zeigen wird und du dadurch neue Seiten Seines Wesens kennen lernen wirst.

_____, ich segne dich mit Glauben, der dir ermöglicht, Hindernisse durch die Augen deines Himmlischen Vaters zu sehen und zu erkennen, dass jede Schwierigkeit, die Er zulässt, eine Gelegenheit ist, Seine Treue zu erfahren.

Epheser 3, 10-11 redet davon, dass den Mächten und Gewalten in der Himmelswelt die unbeschreiblich vielfältige Weisheit Gottes bekannt gemacht wird. Gott hat einen unerschöpflichen Reichtum an Weisheit. Wir haben davon vieles noch gar nicht gesehen, noch können wir uns diese Dimensionen jemals vorstellen. Wenn Gott in deinem Leben Probleme zulässt, sollen dir diese dazu dienen, dass du aus den Tiefen Seiner Weisheit schöpfst und göttliche Offenbarungen erhältst, um neue Lösungen zu entwickeln. Durch diesen Prozess kann Gott dein Leben dazu nutzen, Aspekte Seiner Weisheit hervorzubringen, die bis anhin noch verborgen und unbekannt waren. Wenn Probleme und Herausforderungen zur Bühne werden, auf der Gottes unübertreffliche Weisheit sichtbar wird, wird dies sowohl Menschen als auch himmlische Mächte in Erstaunen versetzen und Gott verherrlichen

Die Herausforderungen, die du zu lösen berufen bist, bergen grosse Schätze für dein eigenes sowie für das Leben anderer.

Gott hat unendlich viele Wege, den Schwierigkeiten in unserem Leben zu begegnen und für jede Art Seines Handelns gibt es eine richtige Zeit. Jedes Eingreifen Gottes ist Grund zu grosser Freude. Eine besondere Freude ist es jedoch, wenn du erfährst, wie Gott dir aus dem Schatz Seiner unendlichen Weisheit Einsicht und Offenbarung schenkt, um für bisher ausweglose Probleme Lösungen zu finden.

Ich segne dich, dich in Übereinstimmung mit dem Wort Gottes immer wieder über neue Herausforderungen aus Seiner Hand zu freuen. Das sind die Momente, in denen Gottes „mannigfaltige Weisheit" den „mancherlei Problemen" gegenübersteht und in denen Seine Weisheit zum Triumphzug ansetzt. Anstatt eine Armutsmentalität zu entwickeln und jemanden zu suchen, der die Schwierigkeiten für dich lösen kann, wirst du selbst nach Seiner Weisheit Ausschau halten und göttliche Lösungen suchen und finden.

_____, ich segne dich, die Herausforderung, Weisheit zu finden, anzunehmen. Ich segne dich mit der Ausdauer eines Goldgräbers, während du in Gottes Wort nach Weisheit wie nach Gold, Silber und Edelsteinen suchst. Du musst zwar viel Gestein abtragen, bevor du den Schatz zutage fördern kannst, doch das Finden der Kostbarkeiten wiegt die Anstrengungen bei weitem auf!

Ich segne dich mit Durchhaltevermögen, das Wort zu studieren, darin nicht nachzulassen und fortwährend zu graben, bis du die Weisheit findest, die für Menschen und himmlische Mächte eine neue Seite von Gottes Wesen offenbaren wird. Ich segne dich mit der Entschlossenheit und Ausdauer, die du brauchst, um nach neuen Lösungen in den Schätzen von Gottes Wort zu suchen.

Ich segne dich, der Versuchung zu widerstehen, mit Lösungen zufrieden zu sein, die Gottes Wort widersprechen. Gehe nicht darauf ein, wenn dir der Feind einen Waffenstillstand anbietet, um das Feld nicht räumen zu müssen, denn durch Jesus Christus gehört dir der Sieg. Ich segne dich mit Ausdauer und Hartnäckigkeit, das Wort Gottes und die

Gedanken deines Himmlischen Vaters zu erforschen und wenn nötig Jahrzehnte zu investieren, um die Wahrheit zu erkennen, die dich und andere freisetzt.

_____ , ich segne dich mit der Gesinnung Christi, damit du Dinge und Situationen aus Seiner Perspektive wahrnehmen kannst und Lösungen erkennst, die andere nicht sehen können. Ich segne dich mit der Bereitschaft, auch schwierige Wege auf dich zu nehmen. Ich segne dich mit derselben Salbung, die auf Maria von Betanien lag. Sie erkannte, dass die bevorstehende Kreuzigung Jesu dem weisen Ratschluss Gottes entsprach. So segne ich dich, wenn nötig auch schmerzliche Lösungen Gottes anzunehmen und zu bejahen. Mögest du weise sein und Seiner Führung vertrauen, auch dann noch, wenn sie unbegreiflich oder schmerzvoll ist und ungeachtet dessen, ob der Weg schon jemals von jemand anderem beschritten wurde.

Ich segne dich, _____ , mit dieser Salbung, die neue Wege erschliesst und neue Dinge tut, um Gottes Weisheit zu offenbaren. Sie bringt eine tiefgreifende Freude mit sich, die nur diejenigen erleben können, die bereit sind, sich Schmerzen und Problemen auszusetzen und diese anzunehmen. Ich segne dich mit tiefster Erfüllung und Befriedigung, einer Freude, die Menschen nie erleben können, wenn sie nur sorglos und glücklich sein wollen. Ich segne dich mit der Freude, Gottes Weisheit zu entdecken und die Gesinnung Christi zu haben, um Probleme anpacken und lösen zu können.

Ich segne dich mit Seiner Freude im Namen Jesu von Nazareth, denn in Ihm sind alle Schätze der Weisheit und der Erkenntnis verborgen!

Tag 16 *Frei von Menschenfurcht*

_____, Geliebte/r Gottes,

Im Namen Jesu von Nazareth lade ich deinen Geist ein, genau hinzuhören. Höre auf Gottes Wort für dich.

Aber der Herr sprach zu ihm: Friede sei mit dir! Fürchte dich nicht, du wirst nicht sterben. Da baute Gideon dem Herrn dort einen Altar und nannte ihn „Der Herrn ist Friede" ...   Richter 6, 23-24

_____, ich segne dich mit Freiheit von Menschenfurcht und falschverstandener Gottesfurcht. Ich segne dich, wie Gideon Gottes Gegenwart inmitten einer grossen Krisensituation sehen und erleben zu können. Ich segne dich, in deinen konkreten Lebensumständen Gottes Gegenwart, Fürsorge und Eingreifen immer wieder aufs Neue zu erfahren, damit du nicht nur von den Grosstaten Gottes in früheren Generationen zu erzählen weisst. Ich segne dich vielmehr mit persönlichem Erfahrungswissen von Gottes Handeln und Eingreifen. Ich segne dich mit ganz praktischen Erfahrungen von Gottes Gegenwart, Seiner Fürsorge, Seinen Gebetserhörungen, Seinen Lösungen für hoffnungslose Probleme und Seiner Hilfe in deinem Leben.

Ich segne dich, Seinen Schutz jubelnd zu geniessen und ganz mit Seiner Geborgenheit durchdrungen zu sein.

Dann mag der Feind zwar wie bei Gideon im Lande sein, doch du bleibst felsenfest in der Gewissheit verankert, dass dein Himmlischer Vater aufmerksam und immer gegenwärtig ist und mit deiner Kultur, deinen Umständen und deinem Leben bestens vertraut ist und dir beisteht.

Ich segne dich, in Gottes Wort Seine spezifischen Verheissungen zu finden und dich wie auf einen Felsen auf Sein Wort zu stellen. Ich segne dich, die Freude, Sicherheit und Lebenskraft zu geniessen, die davon kommt, dass dein Himmlischer Vater Gebete, die Seinen konkreten Verheissungen entspringen, beantwortet. Gideon sah sich als ein Überlebender in einer feindlichen Umgebung. Gott sah in ihm einen Überwinder, einen mächtigen Kriegsheld, der die ganze Nation von der midianitischen Invasion befreien würde. Sobald Gideon diese Identität zu akzeptieren begann, kehrte Frieden bei ihm ein.

_____, ich segne dich mit der tiefgreifenden, umfassenden Wahrheit darüber, wer du in Gottes Augen bist. Ich segne dich mit Frieden, der aus einer Identität kommt, die in der Fürsorge, dem Schutz und der Berufung des Himmlischen Vaters verwurzelt ist. Ich segne dich, deine Identität anzunehmen und zu realisieren, dass Gott für dich und mit dir ist, wenn Er dich in den Kampf ruft. Wenn Er dich einberuft, darfst du gewiss sein, dass dein Sieg in Seiner Hand liegt und weder an deinen Mitteln noch an deinem Können hängt. Ich segne dich mit Frieden, der dem Wissen, wie kostbar du in Gottes Augen bist, entspringt. Ich segne dich mit Frieden, der aus der Gewissheit kommt, dass du tust, was dein Himmlischer Vater von dir möchte. Ich segne dich, Seine Freude an dir zu erleben und nicht an Seinem Wohlgefallen zu zweifeln.

Ich segne dich, Seinen Schutz jubelnd zu geniessen und ganz mit Seiner Geborgenheit durchdrungen zu sein. Seinen umfassendsten Schutz erlebst du, wenn du die richtigen Dinge zur richtigen Zeit, am richtigen Ort auf Gottes Art und Weise tust, und das kannst du, wenn du deine Identität und deinen Platz im Hause deines Himmlischen Vaters kennst.

Ich segne dich mit Frieden im Namen Jesu von Nazareth, der deine Persönlichkeit und deine Identität erschaffen hat.

Tag 17 *Ströme des Lebens*

_____, Geliebte/r Gottes,

Höre mit deinem Geist auf Gottes Wort für dich.

Der Jude Mordechai war der Nächste nach dem König Ahasveros und gross unter den Juden und beliebt bei der Menge seiner Brüder, weil er das Beste seines Volkes suchte und zum Wohl seines ganzen Geschlechts redete.

Esther 10,3

_____, bedenke, Friede zeigt sich primär in innerer Vollständigkeit, Ganzheit und Harmonie. Dies bedingt, dass wir unser Leben in Beziehung zu anderen Menschen leben. Es ist ein grosses Geschenk, wenn wir einen Menschen wie Mordechai in unserem Leben haben, einen Menschen, von dem Ströme des Lebens fliessen und den wir uns zum Vorbild nehmen können.

_____, ich segne dein Leben mit vielen lebensfördernden Leitern, damit du die verschiedensten Facetten der Weisheit im Leben dieser Männer und Frauen sehen und erleben kannst. Ich segne dich mit lebensspendenden Leitern, die in dich und deine Zukunft investieren. Ich segne dich mit Menschen, die dir Türen öffnen, Gunst erweisen und dadurch Leben in dir freisetzen. Ich segne dich ebenso mit lebensspendenden Mentoren, die dich gewissenhaft trainieren, beharrlich Disziplin von dir verlangen und sich durch Fleiss und grosse Sorgfalt ausweisen.

_____, ich segne dich mit lebensfördernden Menschen, die deinem Geist dienen und dich zu einer tiefen Erkenntnis des höchsten Gottes führen. Ich segne dich mit Menschen, die dich eine tiefe Liebe für Gottes Wort lehren, die dir zeigen, wie du über dem Wort meditieren kannst, damit du beständig an Weisheit und Erkenntnis zunimmst. Ich segne dich mit Männern und Frauen, in deren Leben du die Freude und die Frucht guter Beziehungen sehen kannst und die dir zeigen, wie du selbst segensreiche Beziehungen aufbauen kannst. Möge dich ihr Beispiel anspornen, in einer noch tieferen Einheit mit deiner Familie und deiner Glaubensgemeinschaft Leben zu teilen und mehr als jemals zuvor Gottes Gegenwart zu feiern und Seine Salbung zu erleben. Ich segne dich mit lebensspendenden Mentoren, die dir einen Weg bahnen, wenn alle Türen verschlossen scheinen und dir in schwierigen Situationen eine neue Perspektive vermitteln.

_____ , ich segne deinen Geist, die Gelegenheit einer lebensspendenden Leiterschaft zu nutzen, indem du lernst, wie du selbst zu einem Menschen werden kannst, von dem Ströme des Lebens fliessen. Dadurch wirst du den Strom des Generationensegens, von dem deine leiblichen und geistlichen Kinder einmal trinken werden, ausweiten und vertiefen. Ich segne dich, zu dieser Aufgabe weit besseres Rüstzeug zu haben als es deine Eltern hatten und zu lernen, wie du deinen Kindern weiser, besser und vielfältiger dienen kannst. Ich segne dich mit einem guten Ehepartner. Ich segne dich, deine Ehe als ganzheitlicher und lebensspendender Mensch zu beginnen, damit das Reich Gottes durch eure Ehe in der Gesellschaft sichtbar und spürbar werden kann.

_____ , ich segne dich, auch in deiner Glaubensgemeinschaft eine lebensspendende Persönlichkeit zu sein, damit Menschen sich spontan an dich wenden können, wenn sie Hilfe brauchen. Ich segne dich mit Weisheit, Bedürftige nicht zu verwöhnen, sondern ihnen vielmehr Hilfe zur Selbsthilfe zu geben. Ich segne dich mit unerschöpflichen Quellen des Friedens, damit dieser Friede in ihrem Leben spürbare Realität wird, wenn du einen Segen des Friedens über ihnen aussprichst. Ich segne deine Worte mit Gottes Salbung, damit du deinen Mitmenschen wahrhaftigen Frieden zusprechen kannst.

_____ , ich segne dich, eine so lebensspendende Person zu sein, dass dich sogar Kreise willkommen heissen, die dir bisher abweisend oder feindlich begegnet waren. Ich segne dich mit einer starken Salbung der Weisheit, des Lebens und des Friedens, damit du nicht nur um Rat gefragt, sondern auch in einflussreiche Positionen berufen wirst, von wo aus deine Ströme des Lebens und des Friedens das ganze gesellschaftliche Umfeld durchdringen können.

_____, ich segne dich einerseits mit lebensspendenden Mentoren, die dich durch die verschiedenen Phasen deines Lebens begleiten und andererseits damit, selbst ein lebensspendender Freund und Berater für die nächste Generation zu werden.

Ich segne dich im Namen von Jesus von Nazareth.

Tag 18 Ein Team von Friedensstiftern

_____, Geliebte/r Gottes,

Ich lade dich ein, mit deinem Geist aufmerksam auf Gottes Wort
für dich zu hören:

*Die Frucht der Gerechtigkeit aber wird in Frieden denen gesät, die Frie-
den stiften.*
Jakobus 3,18

*Zwei sind besser daran als ein Einzelner, weil sie einen guten Lohn für
ihre Mühe haben.*
Prediger 4,9

*Und der Herr erweckte den Geist Serubbabels, des Sohnes Schealtiëls,
des Statthalters von Juda, und den Geist Jeschuas, des Sohnes Jozadaks, des
Hohenpriesters, und den Geist des ganzen Restes des Volkes, so dass sie kamen und sich an die Arbeit am Haus des Herrn der Heerscharen, ihres Gottes,
machten, ...*
Haggai 1,14

_____, es ist gut, ein Friedensstifter zu sein, doch noch
besser ist es, Teil eines Friedensstifter-Teams zu sein. Zwei sind besser
dran als ein Einzelner. Zwei, die zusammenarbeiten können mehr als nur
die Summe ihrer Einzelleistungen erreichen. Ich segne dich, ein Frie-
densträger zu sein. Möge der Himmlische Vater dir weitere Friedensstifter an die Seite stellen, damit ihr gemeinsam die Frucht der Gerechtigkeit
aussäen könnt. Ich segne dich mit selbstlosen Frauen und Männern, die
eng mit dir zusammenarbeiten wollen und motiviert sind, die Frucht der
Gerechtigkeit auszusäen. Ich segne dich mit Menschen, die ganzheitliche Wiederherstellung erlebt haben, die im Einklang mit sich selbst leben und deshalb ihren Frieden mit deinem zusammenbringen können.
Gemeinsam könnt ihr eine um vieles reichere Saat ausbringen. Ich segne
dich, in ein ausgezeichnetes Teamwork mit Menschen dieses Ausmasses
eingebunden zu werden.

Ich segne dich mit dem Segen, der in Haggai 1,14 beschrieben ist, wo Gott den Geist des Statthalters, des Hohenpriesters und des ganzen Restes des Volkes erweckte. Ich segne dich damit, dass der Himmlische Vater den Geist von auserlesenen Menschen in leitenden Stellungen in Wirtschaft, Regierung und Kirche wie auch in deinem persönlichen Freundeskreis erweckt. Mögen sich Menschen des Friedens, Männer und Frauen, die sich nicht um sich selbst drehen, dir anschliessen, damit ihr gemeinsam die Saat des Friedens ausbringen und eine riesige Ernte der Gerechtigkeit einbringen könnt.

_____ , ich segne dich mit Mitarbeitern, die Menschen helfen können, sich ganzheitlich zu entwickeln, sich einen Lebensstil der Gerechtigkeit und des Friedens anzueignen und Erfüllung im ihrem Leben zu finden. Ich segne dich, mit Menschen zusammenzukommen, die Umstände nicht darum verändern wollen, um es einfacher zu haben, sondern die ein echtes Anliegen haben, den gefundenen Frieden an andere weiterzugeben. Ich segne dich mit einer vervielfachten Ernte der Gerechtigkeit im Leben anderer; nicht nur in Gemeinschaften des Glaubens, sondern auch in deiner Kultur ganz allgemein. Möge Gott dich mit Männern und Frauen segnen, die Schulter an Schulter mit dir laufen, frei von Konkurrenzkampf, Kontrolle, Manipulation und Streitigkeiten. Als ein Team könnt ihr eine Ernte der Gerechtigkeit einbringen, die deutliche, belegbare und nachhaltige Spuren in der Gesellschaft hinterlässt.

Möge Gott dich mit Männern und Frauen segnen, die Schulter an Schulter mit dir laufen, frei von Konkurrenzkampf, Manipulation und Streitigkeiten.

Ich segne dich im Namen Jesu von Nazareth, der ein Team von Friedensstiftern um sich hatte, und der am Ende seiner Zeit auf der Erde eine unermessliche Ernte der Gerechtigkeit hinterliess.

Tag 19 *Bleibende Freunde*

_____ , Geliebte/r Gottes,

Im Namen Jesu von Nazareth lade ich deinen Geist ein, auf Gottes Wort für dich zu hören:

Und es kamen einige von den Söhnen Benjamin und Juda in die Bergfeste zu David. Und David ging hinaus, ihnen entgegen, und er fing an und sagte zu ihnen: Wenn ihr zum Frieden zu mir gekommen seid, um mir zu helfen, dann wird mein Herz sich mit euch vereinigen; wenn aber, um mich an meine Gegner zu verraten, ohne dass Gewalttat in meiner Hand ist, dann soll der Gott unserer Väter es sehen und strafen! Da kam der Geist über Amasai, das Oberhaupt der Dreissig: Dein sind wir, David, und zu dir, Sohn Isais, stehen wir! Friede, Friede dir, und Friede deinen Helfern! Denn dein Gott hilft dir! Und David nahm sie auf und reihte sie unter die Oberhäupter der Streifschar ein. 1. Chronik 12, 17-19

Gott hatte Saul als König über Israel erwählt und eingesetzt und ebenso das Ende seiner Regierungszeit bestimmt. Danach wurde David von Gott erwählt und gesalbt, doch wurde er nicht sofort als König eingesetzt. Saul sass noch immer auf dem Thron. Saul wusste jedoch, dass Gott David als nächsten König erwählt und gesalbt hatte und auch, dass Gottes Gunst, die von ihm gewichen war, nun auf David ruhte. Saul war bitterlich erbost und widerstand der Wende und den Veränderungsprozessen, die Gott herbeigeführt hatte, hartnäckig.

Eine der grössten Herausforderungen für uns sind die Veränderungen von Gottes Ordnungen und Weisungen zu Gottes neuen Ordnungen und Weisungen. Gott hatte Saul für eine bestimmte Zeit zum König erwählt und gesalbt. Das war Gottes Ordnung für einen gewissen Zeitabschnitt, doch diese Epoche kam zu einem Ende. Gott eröffnete eine neue Ära, eine Dynastie, die mit König David beginnen sollte. Damit die neue Ordnung und die neue Zeit beginnen konnten, mussten die alten beendet und abgesetzt werden. Diese Umstrukturierung brachte Leiden, Aufruhr und Wirren mit sich. Saul versuchte den neuberufenen Thronfolger umzubringen.

In dieser Zeit der Krise und des Widerstands gegen die göttliche Neuordnung führte Gott Männer zu David, die ihn ermutigten und unterstützten. Diese gingen Seite an Seite mit ihm durch die schwierigen Zeiten des Übergangs von Gottes Ordnungen zu Gottes neuen Ordnungen. Einige dieser Männer stammten wie König Saul aus dem Stamme Benjamin und hätten eigentlich zu Saul halten sollen. Doch sie waren überzeugte Visionäre, die fähig waren, die neue Ordnung früh zu erkennen, sie willkommen zu heissen und menschliche Loyalitätskonflikte und Stammeszugehörigkeiten beiseite zu legen. Die Männer aus dem Stamm Juda, dem Stamme Davids, hielten anfänglich nicht zu David. Erst nach und nach begannen sie zu erkennen, dass er der Repräsentant von Gottes neuer Ordnung war. Daraufhin verliessen auch sie ihr Zuhause, die Sicherheit ihrer Städte und die Gunst des Königs der alten Ordnung. Sie kamen zu David in die Wüste, wo sie

Du lebst in einer Zeit, die ebenso im Wandel von Gottes Ordnung zu Gottes neuen Ordnungen begriffen ist.

Entbehrung, Mangel, harten Umständen, Unbeständigkeit, ständigem Wandel und ebenso dem Hass der alten Ordnung ausgesetzt waren. Für David war es eine grosse Ermutigung, dass diese Männer ausgerechnet in der Zeit grösster Wirren und Veränderung zu ihm kamen. Später, als sich die neue Ordnung bereits durchgesetzt und etabliert hatte, stellten sich viele aus dem Volk auf seine Seite. Doch diese mutigen Männer des Glaubens kamen zu ihm, während die Turbulenzen der Veränderungen noch in vollem Gang waren. Diese Männer wurden später von Gott als Obrigkeit des Volkes Israel eingesetzt. Nachdem David König geworden war, errichteten er und seine Helden Ruhe und Ordnung in ganz Israel.

_____ , du lebst in einer Zeit, die ebenso im Wandel von Gottes Ordnung zu Gottes neuen Ordnungen begriffen ist. Heutzutage gibt es mehr und schnellere Veränderungen als zu irgendeinem anderen Zeitpunkt in der Weltgeschichte. Auch du wirst Teil sein von Gottes neuen Wegen und ziemlich sicher von denen, die an der alten Ordnung Gottes festhalten, kritisiert, abgelehnt und verworfen werden. Das ist unvermeidlich. Gott hat auch David nicht davor bewahrt, doch Er gab ihm inmitten der Veränderungen Frieden und Bestätigung, indem Er ihm Männer schickte, die in Einheit mit ihm durch diese schwierigen Prozesse gingen.

_____ , ich segne dich mit starken, bereichernden und lebensspendenden Beziehungen zu Männern und Frauen, die an Gottes neue Ordnung glauben und erkennen können, dass du ein Teil davon bist. Wann immer Gott dich ruft, in einem Veränderungsprozess von einer Ordnung Gottes zur neuen Ordnung Gottes voranzugehen, sollst du mit Menschen des Glaubens, die verbindlich mit dir vorangehen und dir vertrauen, gesegnet sein. Ich segne dich, in diesen schwierigen Übergangszeiten mit anderen Leitern der neuen Ordnung Gemeinschaft zu haben. Ich segne dich, ein lebensspendender Mentor zu sein für die Menschen, die sich dir anschliessen und glauben, dass du ein Teil der neuen göttlichen Ordnung repräsentierst. Wenn sich die neue göttliche Ordnung durchgesetzt und etabliert hat, werden sich viele euch anschliessen und mit euch zusammenarbeiten. Ich segne euch mit einem starken persönlichen und auch mit einem gemeinschaftlichen Empfinden von Gottes Gegenwart als Bestätigung für diese Vorläufer-Berufung.

Ich segne dich im Namen Jesu von Nazareth, der selbst voranging und aus Gottes alter Ordnung heraus einen Weg bahnte, um in Gottes neue Ordnung hineinzuführen.

Tag 20   Der Siegespreis

_____, Geliebte/r Gottes,

Höre mit deinem Geist auf Gottes Wort für dich.

Da wir nun eine solche Wolke von Zeugen um uns haben, so lasst uns jede Last ablegen und die Sünde, die uns so leicht umstrickt, und lasst uns mit Ausdauer laufen in dem Kampf, der vor uns liegt, indem wir hinschauen auf Jesus, den Anfänger und Vollender des Glaubens, der um der vor ihm liegenden Freude willen das Kreuz erduldete und dabei die Schande für nichts achtete, und der sich zur Rechten des Thrones Gottes gesetzt hat.   Hebräer 12, 1-2

_____, obwohl du so sehr geliebt bist, wirst du in deinem Leben auch schmerzhafte Dinge und Zeiten erleben. Diese Welt befindet sich unter einem Fluch und du bist in den Kampf zwischen dem Höchsten Gott und dem Widersacher involviert. Du wirst immer wieder Schmerzliches aushalten müssen, deshalb segne ich deinen Geist mit der Fähigkeit, Freude zu empfinden, die alle Not und jedes menschliche Begreifen weit übersteigt. Ich segne dich mit einer klaren Vorstellung von Gottes Berufung auf deinem Leben, damit du das Ziel nicht aus den Augen verlierst, wenn dein Weg durch schmerzhafte Erfahrungen führt.

Wegen der vor Ihm liegenden Freude hat Jesus Christus, der Anfänger und Vollender deines Glaubens, das Kreuz ertragen. Er hat weit mehr Schmerz ertragen als du je erfahren wirst. Er hat den höchsten Preis, der jemals erbracht worden ist, bezahlt. Er hat unvorstellbar gelitten, damit du die Kraft und die Segnungen Gottes empfangen kannst. Wie Jesus musst auch du deinen Blick auf die vor dir liegende Freude fixieren. Ich segne dich, auf Ihn zu schauen, damit du diese Freude sehen kannst. Der Feind wird alles Mögliche versuchen, um Schwierigkeiten und Schmerzen weit grösser erscheinen zu lassen als sie wirklich sind und deinen Blick mit Angst und Sorge gefangen zu nehmen. Ich aber segne dich mit einer kristallklaren Sicht auf die Freude, die vor dir liegt. Ich segne dich, aufzustehen und um diese Freude zu ringen, denn sie gehört dir.

_____ , höre mit deinem Geist noch einmal auf Gottes Wort:

> *Ich ermahne euch nun, ihr Brüder, angesichts der Barmherzigkeit Gottes, dass ihr eure Leiber darbringt als ein lebendiges, heiliges, Gott wohlgefälliges Opfer: das sei euer vernünftiger Gottesdienst! Und passt euch nicht diesem Weltlauf an, sondern lasst euch in eurem Wesen verwandeln durch die Erneuerung eures Sinnes, damit ihr prüfen könnt, was der gute und wohlgefällige und vollkommene Wille Gottes ist.* Römer 12, 1-2

_____ , ich segne dich, den guten, wohlgefälligen und vollkommenen Willen deines Himmlischen Vaters zu erkennen und anzunehmen. Ich segne dich, das Gute und das Beste, das Gott für dein Leben geplant hat, deutlich voneinander unterscheiden zu können. Ich segne dich, dich nach dem Besten, nach dem vollkommenen Willen Gottes für dein Leben auszustrecken. Ich segne dich,

Die Welt verspricht dir Glück, Satan offeriert dir trügerische Hoffnung, doch Gott schenkt dir die Freude Seiner herrlichen Gegenwart, die der Beziehung mit Ihm entspringt.

die Fallen des Feindes und seine falschen Angebote aufzudecken und die vorgetäuschte, vergängliche Freude, die er dir anbietet zu durchschauen. Ich segne dich mit der Erkenntnis der echten Freude und mit einem klaren Verständnis für Gottes Wort. So kannst du die göttlichen Prinzipien verstehen und die Freude empfangen, die dies freisetzt und die dir gehört. Ich segne dich durch persönliche Offenbarung des Heiligen Geistes, gezielte Dinge zu hören, damit du jetzt schon die noch vor dir liegende Freude geniessen kannst. Ich segne dich, mit der wahren Freude, die von deinem Himmlischen Vater kommt, durchdrungen zu sein. Freue dich an dem, was du von Gottes Willen bereits erkannt hast, denn Er wird dir nicht alles, was auf Seinem Herzen ist, auf einmal offenbaren können. Doch ich segne dich, die ganze Freudenfülle, die Gott dir heute geben will, empfangen zu können.

Höre mit deinem Geist noch einmal auf Gottes Wort:

Noch vieles hätte ich euch zu sagen; aber ihr könnt es jetzt nicht ertragen. Wenn aber jener kommt, der Geist der Wahrheit, so wird er euch in die ganze Wahrheit leiten; denn er wird nicht aus sich selbst reden, sondern was er hören wird, das wird er reden, und was zukünftig ist, wird er euch verkündigen.
Johannes 16, 12-13

_____ , ich segne dich, fortwährend die Offenbarungen des Heiligen Geistes zu empfangen, um die verschiedensten Aspekte der Freude, die dein Himmlischer Vater dir anbietet, klar erkennen und empfangen zu können. Die Welt verspricht dir Glück, Satan offeriert dir trügerische Hoffnung, doch Gott schenkt dir die Freude Seiner herrlichen Gegenwart, die der Beziehung mit Ihm entspringt. Ich segne dich, Gottes Berufung in jedem neuen Lebensabschnitt voll und ganz zu ergreifen und Schritt für Schritt Seine Freude zu erkennen, damit Er dir Seinen Willen mehr und mehr offenbaren kann. Ich segne dich, die vor dir liegende Freude ausreichend zu verstehen, damit du vor Leiden nicht zurückschreckst, sondern mit ganzer Hingabe und all deiner Kraft dem Siegespreis deiner himmlischen Berufung nachjagst. (Philipper 3,14)

_____ , ich segne dich mit heiliger Unzufriedenheit, damit du immerzu nach Gottes Freude verlangst und dich nach neuen Dimensionen dieser Freude ausstreckst, die dein Himmlischer Vater dir gerne offenbaren möchte. Ich segne dich mit mehr Freude als jemals zuvor. Ich segne dich, die Fülle deines Geburtsrechts zu ergreifen, dich nicht nur mit dem Guten zufrieden zu geben, sondern dich nach immer mehr auszustrecken und das Beste, das dein Vater für dich bereit hat, zu wollen. Bleib nicht auf halbem Wege stehen! Ich segne dich mit der Sehnsucht nach vollkommener Freude, nach einem Mass, das weit grösser ist, als was du bisher erlebt hast. Das befähigt dich, Beschwernis in Kauf zu nehmen, Verachtung gering zu achten und die Kosten zu ignorieren, die du auf dich nehmen musst, um dein Geburtsrecht vollumfänglich zu ergreifen und auszuleben.

Ich segne dich mit dem tiefgehenden, starken und innigen Wunsch nach dieser himmlischen Freude, die dir rechtsmässig zusteht, sowie nach der ganz spezifischen Freude, die mit deiner persönlichen Berufung einhergeht. Ich segne dich mit immerwährendem Hunger nach dieser Freude und mit der Sättigung dieses Hungers.

Ich segne dich im Namen Jesu von Nazareth.

Tag 21   *Den Frieden Jesu erleben*

_____ , Geliebte/r Gottes,

Höre mit deinem Geist auf Gottes Wort für dich:

*Frieden lasse ich euch, meinen Frieden gebe ich euch; nicht wie die Welt
gibt, gebe ich euch. Euer Herz werde nicht bestürzt, sei auch nicht furchtsam.*
Johannes 14,27

Bevor Jesus seine irdische Beziehung mit seinen Jüngern verliess
und in den Himmel zurückkehrte, schenkte er ihnen Seinen Frieden.
Der Friede, den Er uns hinterliess, beinhaltet viele verschiedene Aspekte. Als erstes war da natürlich
die tiefe, innige Beziehung,
die Er zu seinem Vater hatte.
Sein Vater legitimierte Ihn zu
jeder einzelnen Tat, und Jesus
war sich dessen Anerkennung
und Wertschätzung gewiss. Es
spielte Jesus keine Rolle, dass

*Jesus lebte in einem dauerhaften
Frieden, weil Er die Perspektive
Seines Vaters hatte und die
Zusammenhänge verstand.*

die Menschen Ihn nicht verstanden und Ihn ablehnten. Weil Er eine unerschütterliche Beziehung zu Seinem Vater hatte, konnte Ihn nichts verunsichern, noch Seine Bedeutsamkeit oder Seinen Selbstwert in Frage
stellen. Jesus wusste, was der Vater von Ihm wollte, und genau das tat Er
auch. Es gab absolut nichts, das Seine Beziehung mit dem Vater schmälern oder zerstören konnte.

_____ , ich segne dich mit diesem Frieden von Jesus. Ich
segne deinen Geist mit dem tiefen Wissen, dass Gottes Gunst auf dir
ruht. Ich segne dich mit der festen Gewissheit, dass dein Himmlischer
Vater dich liebt, sich jubelnd an dir erfreut und grossen Gefallen an dir
hat. Er ist bei Tag und bei Nacht mit Jauchzen fröhlich über dich, egal was

du gerade tust. Ich segne dich, tief in dieser Wahrheit gegründet und verwurzelt zu sein. Ich segne dich, die Liebe deines Himmlischen Vaters zu erfahren, darin geborgen zu sein und in deiner Beziehung mit Ihm Jesu Frieden zu erleben.

Ein weiterer Aspekt dieses Friedens war die tiefe Gewissheit, die Jesus hatte, dass Er den Auftrag Seines Vaters auch wirklich erfüllen konnte. Der Vater hatte ihn gelehrt und auf Seine Aufgabe vorbereitet. Während Seiner Zeit auf der Erde erlebte Jesus die unterschiedlichsten Zeiten. Er war sowohl mit Schmerzen als auch mit Freude, mit Einsamkeit und mit Gemeinschaft vertraut, doch immer wusste Er, dass Sein Vater stets mit Ihm und für Ihn war. Er wusste, dass Er für die Aufgaben, die Ihm der Vater übertragen hatte, befähigt war. Er sorgte sich nie, dass Gott Ihn eines Tages mit einer Aufgabe konfrontieren würde, ohne Ihm auch die Fähigkeit dazu zu geben.

_____, ich segne dich mit eben dieser Gewissheit, dass du *„alles zu tun vermagst, durch den, der dich stark macht, Christus."* (Philipper 4,13). Ich segne dich mit dem tiefen Bewusstsein, dass jeder Tag „Vater-gefiltert" ist. Sei gewiss, dein Himmlischer Vater wacht über dir und es wird nichts in dein Leben kommen, das grösser wäre als Gottes Kraft in dir. (1.Korinther 10,13). Ich segne dich mit dem Frieden Jesu, der mit der Verheissung kommt, dass dein Vater dich täglich mit allem Nötigen versorgen wird, in guten wie in schweren Tagen.

Ein dritter Aspekt des Friedens Jesu war, dass Er wusste, was Seine Berufung war und was Sein Vater von Ihm erwartete. Schon vor Grundlegung der Welt wusste Jesus, was Sein Vater tat, und Jesus tut allezeit ausschliesslich die Werke Seines Vaters.

_____, ich segne deinen Geist, die Werke des Vaters zu sehen, lange bevor du sie mit deinem Verstand erfassen kannst. Ich segne deinen Geist, die Berufung zu erkennen, die dein Himmlischer Vater auf dein Leben gelegt hat. Ich segne dich mit einer so klaren, starken Erkenntnis, dass dich nichts davon abbringen kann. Ich segne dich mit einem deutlichen Empfinden für deine Bestimmung, sowohl für das Gesamtbild wie auch für die einzelnen alltäglichen Umsetzungsschritte.

Ein vierter Aspekt des Friedens Jesu war Sein Wissen um die richtigen Zeitpunkte. Als Jesus zwölfjährig war, hatte Er den grossen Wunsch, sich ausschliesslich den Dingen Seines Vaters zu widmen. Trotzdem hielt Er sich an Gottes Plan, der vorsah, dass Er noch weitere achtzehn Jahre warten musste, bevor Er mit Seinem öffentlichen Dienst beginnen konnte. Trotz Seiner Sehnsucht erkannte Er, dass die Zeit noch nicht reif war. Als sich die Zeit erfüllt hatte, war Jesus rechtzeitig am richtigen Ort für Seine Taufe, Sein erstes Wunder und alle weiteren Ereignisse in Seinem Leben, einschliesslich Seiner Kreuzigung, Auferstehung und Himmelfahrt. Jeder einzelne Aspekt Seines Lebens fand genau zum richtigen Zeitpunkt statt. Jesus tat die richtigen Dinge zur richtigen Zeit. Er erkannte Gottes Zeitpunkte für jeden Moment Seines Lebens. Wenn wir wie Jesus in Gottes Zeitplan für unser Leben laufen, bewirkt dies auch in uns grossen Frieden.

_____ , ich segne dich mit dem Frieden, den Jesus dadurch hatte, dass Er immer zur richtigen Zeit am richtigen Ort war. Jesus wusste, dass Seines Vaters Zeitpunkte immer richtig waren und war deshalb fähig, mit der Dringlichkeit, die Er empfand, umzugehen, ohne von ihr überwältigt zu werden. Ich segne dich mit einer brennenden Leidenschaft für deine Berufung und gleichzeitig mit der Erkenntnis, wann der richtige Zeitpunkt gekommen ist, dass sich dieses leidenschaftliche Feuer in einem öffentlichen Dienst zeigen soll.

Ein weiterer Aspekt von Jesu Friede war Sein Verständnis für die grossen Zusammenhänge. Er wusste, wie sich die einzelnen Puzzleteilchen in das Gesamtbild Seines Lebens einfügen würden. In den Augen der meisten Menschen war Sein bevorstehender Tod etwas Schreckliches, eine totale Niederlage. Jesus aber sah den Gesamtzusammenhang, denn Er war schon vor der Grundlegung der Welt das Lamm, das geschlachtet wurde. Ebenso sah Er die positiven Momente im grösseren Zusammenhang und wusste, dass diejenigen, die Ihn heute noch anbeteten, Ihn morgen schon verlassen und verleugnen würden. Er wusste während Seines irdischen Dienstes, dass der Same, den Er heute ausstreute, Frucht tragen würde, auch wenn die Saat nicht überall unmittelbar freudig aufgenommen wurde. Jesus lebte in einem dauerhaften Frieden, weil Er die Perspektive Seines Vaters hatte und die Zusammenhänge verstand.

_____, ich segne dich mit Jesu Frieden, der alles, was die Welt zu bieten hat, bei weitem übersteigt. Ich segne dich mit einem überdurchschnittlichen Verständnis und einem ausserordentlichen Blick für die Gesamtzusammenhänge. Ich segne dich mit dem Frieden Jesu, durch den du selbst schwierige und für dich unverständliche Situationen ertragen kannst, ohne daran zu zerbrechen, weil du weisst, dass Jesus stets die richtige Perspektive behält.

Im Namen Jesu von Nazareth segne ich dich mit dem Frieden, den nur Er dir schenkt.

Tag 22 *Gottes Herrlichkeit herbeibringen*

_____ , Geliebte/r Gottes,

Höre mit deinem Geist auf Gottes Wort für dich:

So zogen David und die Ältesten Israels und die Obersten über tausend hin, um die Lade des Bundes des Herrn heraufzuholen aus dem Hause Obed-Edoms mit Freuden.   1. Chronik 15, 25

Im Alten Testament war die Bundeslade das Zeichen der sichtbaren Gegenwart Gottes. Über vierzig Jahre hatten die Philister die Bundeslade als Kriegsbeute bei sich festgehalten. David wollte dieses Unrecht beheben und die Herrlichkeit Gottes wieder in Jerusalem wohnen lassen. Voll guter Absichten aber unverständig und unzureichend vorbereitet, machte er sich, von einer grossen Menschenmenge begleitet, auf den Weg, die Bundeslade nach Jerusalem zu überführen. Er machte jedoch einen gravierenden Fehler und verstiess dadurch gegen die Ordnungen Gottes. Dabei wurde einer der Männer Davids getötet. Das erschreckte David so sehr, dass er sich nicht mehr traute, mit dem Transport der Bundeslade fortzufahren, darum liess er sie im Hause Obed-Edoms stehen. Erst drei Monate später brachte David die Lade den Vorschriften in Gottes Wort gemäss und unter grossem Jubeln und Jauchzen nach Jerusalem.

_____ , unsere Gesellschaft sehnt sich nach mehr als nur Religion und kirchliche Institutionen. Sie verlangt danach, dass sich die wahre, kraftvolle Gegenwart Gottes unter seinem Volk manifestiert. Doch mangelhafte und unangebrachte Mittel und Wege, Gottes Gegenwart herbeizuzwingen, führen nicht nur zur Enttäuschung, sie werden auch nicht von Gott gesegnet.

_____ , ich segne dich mit einem unersättlichen Verlangen, Gottes offensichtliche Gegenwart in deine Umgebung bringen zu wollen. Ich segne dich mit Klarheit und Salbung, damit du sehen kannst, wie du den Weg dafür vorbereiten kannst und welches Gottes Voraussetzungen für Seine manifeste Gegenwart unter den Menschen sind. Ich segne dich, die Weisungen aus Gottes Wort umsetzen zu können, damit deine Familie, deine Nachbarschaft und deine Stadt die Freude einer Heimsuchung Gottes erleben kann. Ich segne dich, entweder selbst einer der Leiter zu sein oder gesalbte Leiter zu haben, die die nötigen Schritte für eine Erweckung erkennen und verstehen. Bei David damals brauchte es die Schriftgelehrten und Leviten, die Gottes Anweisungen verstehen konnten, aber auch den König, der die Autorität und die Macht hatte, die Umsetzung des Wortes Gottes zu veranlassen. Auch heute brauchen wir die Ergänzung der verschiedenen Gaben. Ich segne dich mit Wohlwollen unter den Menschen, die mit ihrer grossen Gabenvielfalt dazu beitragen, die Erweckung herbeizuführen, seien dies Leiter, Mitarbeiter oder freiwillige Helfer, Menschen mit und ohne kirchlichem Hintergrund.

_____ , ich segne dich, völlig neue Wege zu gehen, ohne dabei die festen Ordnungen Gottes zu übertreten. Gott hatte David auserwählt, der bestehenden Glaubenstradition eine neue Form der Anbetung hinzuzufügen. 500 Jahre lang hatte es keine musikalische Anbetung in der Stiftshütte gegeben. Es gab wohl Gegenstände, Klänge, Düfte, Zeremonien, besondere Kleidung und Regeln für die wohlgefällige Anbetung Gottes, doch es gab noch keinen musikalischen Lobpreis. Gott wartete über 500 Jahre, bis der Mensch hervorkommen würde, der die Kreativität entwickelte, Ihn mit Musik anzubeten. David war dieser Mensch. Bei seinem ersten Versuch, die Bundeslade nach Jerusalem zurückzubringen, hatte David verschiedene Musiker dabei, doch übertrat er Gottes Vorschriften, wie und durch wen die Bundeslade transportiert werden sollte. In seiner Begeisterung, das Neue mit weit offenen Armen empfangen zu wollen, missachtete er die bestehenden Ordnungen Gottes und setzte sich darüber hinweg, deshalb verurteilte Gott diesen Prozess. Beim zweiten Mal nahm David den Befehl ernst, die Bundeslade mit Stangen, welche die Priester auf ihren Schultern tragen, zu transportieren. Dadurch gehorchte er Gottes Anweisungen. Nun stand er auf dem gerechten Fundament der Vergangenheit und konnte die musikalische Anbetung, als Element der neuen Ordnung hinzufügen, ohne dabei gegen die gegebenen Ordnungen Gottes zu verstossen.

_____ , ich segne dich mit Weisheit und Salbung, fest auf der rechtschaffenen Vergangenheit zu stehen, ohne in alten Gewohnheiten und Methoden gefangen zu sein. Ich segne dich, über Traditionen und Normen der religiösen Kultur, in die du hineingeboren wurdest, hinauszuwachsen. Ich segne dich mit der Fähigkeit, die Botschaft des Evangeliums in einer frischen Art weitergeben zu können, ohne dabei Gottes Wort und dessen Botschaft zu verletzen, die unverändert bleiben müssen. Ich segne dich mit dem Segen Davids, damit auch du an der ewig gültigen Wahrheit festhalten und gleichzeitig das Reden Gottes für die heutige Zeit empfangen kannst, damit die offensichtliche Gegenwart Gottes in deinem Umfeld aufs Neue erlebt werden kann.

Ich segne dich im Namen Jesu von Nazareth.

Tag 23 *Deine Werte vererben*

_____ , Geliebte/r Gottes,

Höre mit deinem Geist auf Gottes Wort für dich.

Ich weiss, mein Gott, dass du das Herz prüfst, und Aufrichtigkeit ist dir angenehm. Darum habe ich dies alles aus aufrichtigem Herzen freiwillig gegeben und habe jetzt mit Freuden gesehen, wie dein Volk, das hier vor dir steht, dir alles freiwillig gegeben hat. 1. Chronik 29.17

Davids grösste Leidenschaft war, Gott von ganzem Herzen und von ganzer Seele, mit all seiner Kraft und mit seinem ganzen Besitz anzubeten. Diese Anbetung fand die verschiedensten Ausdrucksformen und nahm den zentralen Platz in seinem Leben ein. Als er König war, wünschte sich David Gott anzubeten, indem er ein Haus baute, in dem Gott wohnen und verweilen könnte. Gott offenbarte David jedoch, dass erst sein Sohn diesen Tempel bauen dürfe. Trotzdem verschenkte David freiwillig und mit aufrichtigem Herzen seine persönlichen Schätze zuhanden des zukünftigen Tempelbaus. Darüber hinaus investierte er als König viel Zeit und leistete einen enormen Aufwand, um gewaltige Mengen an Rohmaterial für den Bau des Tempels zusammenzutragen. Er versammelte ausserdem die Führer der Nation und lud diese ein, ebenfalls freiwillige Gaben und Geschenke zu geben. Diese folgten Davids Beispiel und legten mit fröhlichen und bereitwilligen Herzen eine gewaltige Summe an Gaben zusammen. Diese Männer lebten nach den gleichen Werten wie David. David hatte als König so vorbildhaft und überzeu-

> *Ich segne dich, Menschen nach dem Herzen Gottes zu prägen und die Gewissheit zu haben, dass du bleibende Segensspuren im Leben vieler hinterlassen hast.*

gend regiert, dass die führenden Leute der gesamten Nation seine Werte für ihr Handeln und Wandeln übernommen hatten. Sie taten es David gleich und verschenkten ihre Gaben ebenfalls grosszügig, breitwillig und mit integerem Herzen.

_____, ich segne dich mit der Freude, die davon kommt, dass du andern deine Werte und die Schätze deiner Gotteserfahrungen weitergibst und wie einen Samen in ihr Herz und ihren Geist legst. Ich segne deine Investition in andere Menschen mit göttlicher Multiplikation. Ich segne deine Leiterschaft mit der Fähigkeit, Menschen durch dein Vorbild nachhaltig zu prägen. Ich segne dich mit der Freude zu erleben, wie Menschen die von dir gelebten Wertevorstellungen zu ihren eigenen machen und danach wiederum an andere weitergeben. Ich segne dich mit der Freude zu sehen, wie die Generation nach dir von deiner Hingabe und Leidenschaft angespornt und geprägt weitergehen kann, als du selbst es kannst. Ich segne dich mit der Freude erleben zu können, wie deine geistlichen Kinder eine geistliche Generation hervorbringen und trainieren, die von ganzem Herzen und mit grosser Leidenschaft Gott dient. Ich segne dich, wachsende Freude zu erleben, wenn du siehst, wie deine geistlichen Enkel und Urenkel in aufrichtiger und herzlicher Hingabe in den Wegen Gottes gehen und nach denselben Werten streben, die du deinen Kindern damals vermittelt hast.

_____, höre mit deinem Geist noch einmal auf Gottes Wort für dich: *Und ihr seid unsere und des Herrn Nachahmer geworden, indem ihr das Wort in viel Bedrängnis mit Freude des Heiligen Geistes aufgenommen habt. 1. Thessalonicher 1,6*

Ich segne dich mit überfliessender Dankbarkeit deinem Gott gegenüber, wenn du erlebst, wie deine Nachfolger auf Gottes Wegen wandeln und ihre Leben reiche Früchte tragen. Ich segne dich zu sehen, wie sie Werte, die du ihnen vorgelebt und als ein Lebensfundament mitgegeben hast, in einem noch intensiveren Masse ausleben und dadurch Schritt um Schritt ihr Geburtsrecht besitzen können. Ich segne dich, Menschen nach dem Herzen Gottes zu prägen und die Gewissheit zu haben, dass du bleibende Segensspuren im Leben vieler hinterlassen hast. Ich segne dich mit der wunderbaren Freude zu entdecken, dass weit mehr Menschenleben durch dich geprägt und gesegnet wurden, als nur diejenigen, denen du persönlich begegnet bist.

Ich segne dich mit grosser Befriedigung und Erfüllung am Ende deines Lebens, weil du erkennen kannst, dass du einen generationenübergreifenden Segen hinterlässt, dadurch dass du für viele Menschen ein Vorbild warst und sie sich deine Werte zu eigen gemacht haben und nun selbst in Gottes Wegen für ihr Leben gehen.

Ich segne dich überfliessend im Namen von Jesus Christus von Nazareth.

Tag 24 *Sehnsucht nach Gott*

_____ , du von Gott Geliebte/r,

Höre mit deinem Geist auf Gottes Wort für dich:

Und es war eine grosse Freude in Jerusalem; denn seit der Zeit Salomos, des Sohnes Davids, des Königs von Israel, war solches in Jerusalem nicht geschehen. Und die Priester und die Leviten standen auf und segneten das Volk, und ihre Stimme wurde erhört, und ihr Gebet kam in Gottes heilige Wohnung im Himmel.   2. Chronik 30, 26-27

Dieser Abschnitt erzählt von der Erweckung, die in der Zeit des gottesfürchtigen Königs Hiskia stattfand. Dieser lebte ungefähr 300 Jahre nach König David. Hiskias Vorgänger war ein gottloser, böswilliger König. Dennoch hatte Hiskias Generation die Erzählungen von den Grosstaten Gottes in der Vergangenheit gehört. Die Lieder, die König David und seine Musiker

Ich segne dich, zu deinen Lebzeiten eine frische Offenbarung der Herrlichkeit und Kraft Gottes zu erleben.

gedichtet hatten, wurden noch immer gesungen. Auch hatten die Menschen alle die Wundergeschichten gehört, die in der Vergangenheit geschehen waren, nur hatten sie im eigenen Leben noch nie Derartiges erlebt. Sie trösteten sich zwar mit den Geschichten über vergangene Wunder Gottes, doch sie sehnten sich schmerzlich danach, mehr zu sehen als den Götzendienst der Kultur ihrer Zeit. Die Übriggebliebenen wussten nur zu gut, was es bedeutete, als ein unbeachtetes Volk in einer korrupten und verdorbenen Gesellschaft zu leben.

Gott bewegte Hiskia dazu, einen wohlüberlegten, sorgfältigen Erneuerungsprozess auszulösen, der trotz Gleichgültigkeit und Widerspruch Bestand hatte. Er reinigte zuerst den Tempel, dann den Vorhof, dann Jerusalem und Judäa und schliesslich ganz Israel. Er forderte die Menschen auf, die während einer ganzen Generation kein Passafest mehr gefeiert hatten, zuerst sich selbst zu heiligen und dann zusammenzukommen, um den Gottesdienst, wie ihn Gott unter Mose eingeführt hatte, wieder herzustellen. Die Leute reagierten darauf mit aufrichtiger Hingabe und gewaltiger Freude. Sie kamen in Jerusalem zusammen und feierten das grösste Passafest, das es in dieser Stadt jemals gegeben hatte. Der Himmel wurde über ihnen geöffnet und als die Leviten beteten, erhörte Gott sie. Eine Flutwelle von Segen wurde für Gottes Volk freigesetzt und es herrschte riesige Freude.

> *Für Gottes Volk wurde eine Flutwelle von Segen freigesetzt und es herrschte riesige Freude.*

_____ , die Gesellschaft und Kultur in der du lebst, gleicht derjenigen zur Zeit Hiskias. Sie ist fast gänzlich mit Sünde und Ungerechtigkeit durchtränkt. Fortlaufend werden verwerfliche und perverse Ideen veröffentlicht und ebensolche Leute führen die Menschen immer tiefer in die Verderbtheit. Doch unter denen, die Gott kennen, gibt es ein schmerzliches Verlangen und einen Hunger nach einer Heimsuchung des Heiligen Gottes. Die Geschichten von früheren Heimsuchungen Gottes werden hungrig gelesen und immer wieder werden Biographien über grosse Menschen der Vergangenheit neu geschrieben.

Auch heute hat es unter den Menschen, die Gott kennen, solche, die wie in den Tagen Habakuks zurückschauen und sagen: *Herr, ich habe die Kunde von dir gehört, ich habe dein Werk gesehen, Herr! Mache es lebendig in naher Zeit, und lass es kundwerden in naher Zeit. Im Zorne denke an Barmherzigkeit!* Habakuk 3,2

Diejenigen, die zurückschauen, wissen, was Gott getan hat, wie und wo Er gewirkt hat und sie wünschen sich, dass sich die Ereignisse der Vergangenheit wiederholen würden. Doch Gott beabsichtigt nicht, die Vergangenheit zu repetieren. Er gedenkt Neues zu schaffen. Auch in deiner Generation gibt ein sehnliches Verlangen nach Gottes offensichtlicher

Gegenwart. Ganz gleich ob es eine Erweckung in deinem nächsten Umfeld oder in deiner Nation ist, ich segne dich mit der Freude, Gottes herrliche Gegenwart in deinem Leben zu erleben. _____, ich segne dich, eine ganz frische Bewegung Gottes erleben zu dürfen. Ich segne dich mit der Freude, einer völlig neuen Erfahrung der Gegenwart und Herrlichkeit deines Himmlischen Vaters inmitten einer zügellosen, verfallenden Gesellschaft. Ich segne dich, zu deinen Lebzeiten eine frische Offenbarung der Herrlichkeit und Kraft Gottes zu erleben. Ich segne dich mit einer mächtigen Bewegung Gottes unter den Menschen, die mit Hingabe und Entschlossenheit Gottes Angesicht suchen. Diese Menschen sind bereit den Preis zu bezahlen, den der Wandel in Gottes Werken mit sich bringt, wenn wir die falschen Altäre und Götzen einer Kultur, die an ihnen festhalten will, vernichten wollen.

_____, ich segne dich mit einer Leidenschaft für Gott wie sie Hiskia hatte. Er machte sich als Einzelner ans Werk. Anfänglich unterstützten ihn sehr wenige der geistlichen Führer, als er den Vorschlag machte, als ganze Nation zu Gott zurückzukehren. Ich segne dich, es Hiskia gleich zu tun. Ich segne dich mit Beharrlichkeit und Zielstrebigkeit, damit du im Laufe deines Lebens dich selbst, deinen Glauben und deine Leidenschaft in anderen multiplizierst, zuerst in zwei, dann vier, sechzehn und mehr Menschen. Ich segne dich, eine derartige Sehnsucht und Heiligkeit in deiner Familie, deiner Gemeinschaft und in deiner Nation zu entzünden, dass viele eine tiefe, lebensverändernde Berührung Gottes erfahren. Ich segne dich nicht nur zu wissen, was Gott in früheren Generationen getan hat, sondern ebenso die Hoffnungen und Verheissungen für die Zukunft zu kennen. In der Spannung zwischen dem, was war und dem, was noch nicht ist, segne ich dich mit der überschwänglichen Freude, ein Mensch der Gegenwart zu sein und zu Lebenszeiten eine neue, lebendige Heimsuchung Gottes zu erleben.

Ich segne dich im Namen Jesu von Nazareth, dem Herrn der erweckten Herzen.

Tag 25 **Generationenbund des Lebens und des Friedens**

_____ , du von Gott Geliebte/r,

Höre mit deinem Geist auf Gottes Wort in Maleachi 2,5-6 für dich:

Mein Bund mit ihm war Leben und Friede, und ich verlieh ihm beides, damit er mich fürchtete, und er fürchtete mich auch und hatte Ehrfurcht vor meinem Namen. Das Gesetz der Wahrheit war in seinem Mund, und nichts Verkehrtes wurde auf seinen Lippen gefunden; er wandelte mit mir in Frieden und Aufrichtigkeit, und viele brachte er zur Umkehr von der Missetat.

Gottes ursprüngliche Absicht für die zwölf Stämme Israels war, dass sie alle gemeinsam eine priesterliche Nation sein sollten. Doch durch Sünde in den eigenen Reihen verloren sie dieses Privileg, Priester für die Völker zu sein. So wurde allein Levi als priesterlicher Stamm berufen, der die Nation vor Gott repräsentieren sollte. Mit diesem Stamm hat Gott einen Bund des Lebens und des Friedens geschlossen, damit die Leviten den restlichen Stämmen Israels das Leben und den Frieden Gottes weitergeben würden. In Maleachi lesen wir, dass diese Berufung einen Wandel in der Ehrfurcht vor Gott bedingt.

Auch dich hat Gott eingeladen, den Bund des Lebens und des Friedens mit Ihm einzugehen. Wenn du in diesen Bund eintrittst, bekommst du allerdings eine weit grössere Würde als die Leviten zur Zeit des Alten Testaments. Durch Jesus wirst du Teil der Königlichen Priesterschaft. Gott schenkt dir Seinen Frieden und lehrt dich Schritt für Schritt darin zu denken, wandeln und handeln und andere ebenfalls mit dem Frieden Gottes bekannt zu machen. Das ist das Fundament dieses Bundes.

Das nächste ist, in Ehrfurcht vor Gott zu leben, der uns durch Jesus Christus mit sich selbst versöhnt und diesen Bund des Lebens und des

Friedens gestiftet hat. Denke kontinuierlich über das Wunder, die Gnade, das Vorrecht und die Ehre, die dir Gott mit Seinem Bund schenkt, nach. In diesem Nachsinnen wird Er deinen Mund mit Erkenntnis und Weisheit füllen. Es ist Gottes Absicht und Sein grosses Verlangen, dass du Ihn immer besser kennenlernst, indem du Sein majestätisches Geschenk, den Bund des Lebens und des

Ich segne dich, dass du jeden Morgen aufs Neue mit Freude und Ehrfurcht überwältigt wirst.

Friedens, feierst. Dies wird in dir mehr und tiefere Einsichten in Gottes Wort freisetzen, und deine Worte werden, von Gottes Kraft erfüllt, echte Unterweisung geben.

So oft der Stamm Levi mit Gott in Frieden und Aufrichtigkeit wandelte, so oft bewegte sein Vorbild viele andere, sich ebenfalls von ihrer Sünde abzuwenden.

Ich segne dich, _____, mit dieser Salbung, obwohl du in einer neutestamentlichen Priesterschaft lebst. Ich segne dich, in den Bund des Lebens und des Friedens einzutreten. Ich segne dich, deinen Himmlischen Vater zu kennen, von Ihm zu reden und viele mit Ihm bekannt zu machen. Ich segne dich mit der Salbung göttlicher Ehrfurcht, die Gottes Weisheit in dir freisetzt. Dann wird heilsamer Rat von dir ausgehen, der gute Frucht, Leben, Wachstum und Veränderung hervorbringt. Ich segne dich, durch dein Leben in der Ehrfurcht Gottes, viele zur Umkehr von ihrer Sünde und zur wahren Gottesfurcht hin zu bewegen. Die enorme Ehrfurchtlosigkeit und die Härte unserer Gesellschaft kann Gott nicht hindern, die Herzen der Menschen zu berühren. Es wird Ihn einfach dazu bewegen, grössere Dinge durch dich zu tun. Ob Menschen sich zu Gott wenden, entscheidet sich nicht am guten oder schlechten Zustand einer Kultur, sondern an der Salbung und Offenbarung Gottes.

_____, ich segne dich, dass du die Salbung der Ehrfurcht, dieses Lebens- und Friedensbundes nie für selbstverständlich hältst. Vielmehr segne ich dich, dass du jeden Morgen aufs Neue mit

Freude und Ehrfurcht überwältigt wirst. Möge dich die Tatsache, dass Gott dich erwählt hat, mit Ihm im Bund zu leben, immer wieder neu zum Staunen und Jubeln bringen. Aufgrund dieser Ehrfurcht werden Worte der Weisheit, des Rates und der Wahrheit von dir ausgehen. Ich segne dich mit Worten der Wahrheit, die Klarheit, Ermutigung und Orientierung bringen. Ich segne dich mit Worten der Belehrung, die so sehr mit Weisheit und Ehrfurcht Gottes gesalbt sind, dass sie viele zur Umkehr leiten. Ich segne dich mit dem Segen, der auf Samuel ruhte: *Samuel aber wuchs heran, und der Herr war mit ihm und liess keines von allen seinen Worten auf die Erde fallen.* 1. Samuel 3,19.

_____, ich segne dich mit einer solch tief greifenden Salbung des Friedens, dass sie weit über dein Leben hinaus Wirkung zeigen wird. Dadurch werden auch die Generationen nach dir mit dieser Ehrfurcht und Weisheit berührt und in ihrem Lebenswandel gesegnet. Ich segne dich, dass die Familienlinie, in die du dich investierst, als eine Familie des Friedens bekannt sein wird; eine Familie, von der Frieden, Weisheit, Ehrfurcht und Heiligkeit ausgeht. Ich segne dich, viele Menschen der nächsten Generation in die Ehrfurcht Gottes zu führen, damit auch sie Weisheit von Gott erlangen. Du befähigt sie dadurch, selbst Menschen in den Bund des Lebens und des Friedens mit Gott zu führen, die dann ihrerseits wiederum dasselbe tun werden. Sie werden nicht nur Gott in Ehrfurcht und Weisheit dienen, sondern diesen Generationensegen ihren Nachkommen weitergeben. Ich segne dich, durch dein Leben im Bund des Lebens und des Friedens mit dem Allerhöchsten Gott, den Grundstein für viele gottesfürchtige Generationen zu legen. Im Namen des Friedefürsten Jesus Christus, segne ich dich mit diesen mannigfaltigen Friedenssegnungen. Ich segne dich im Namen des Gottes, der Frieden stiftet. Er leitet und unterweist dich in Frieden, damit alle deine Kinder und Kindeskinder grossen Frieden haben werden.

Ich segne dich im Namen Jesu von Nazareth.

Tag 26 *Friede triumphiert über Chaos*

_____, Geliebte/r Gottes,

Höre mit deinem Geist auf das Wort Gottes für dich.

So steht nun, eure Lenden umgürtet mit Wahrheit, bekleidet mit dem Brust-
panzer der Gerechtigkeit und beschuht an den Füssen mit der Bereitschaft zur
Verkündigung des Evangeliums des Friedens! Bei alledem ergreift den Schild des
Glaubens, mit dem ihr alle feurigen Pfeile des Bösen auslöschen könnt! Nehmt
auch den Helm des Heils und das Schwert des Geistes, das ist Gottes Wort! Mit
allem Gebet und Flehen betet zu jeder Zeit im Geist, und wachet hierzu in allem
Anhalten und Flehen für alle Heiligen.   Epheser 6,14-18

Diese wohlbekannte Bibelstelle über den geistlichen Kampf beschreibt die Waffenrüstung des Gläubigen. Du siehst, dass die Füsse
mit der Bereitschaft beschuht sind, das Evangelium des Friedens zu verkünden. Friede triumphiert
über die Mächte, die Chaos
und Verwirrung anrichten.
Der Feind verbreitet Verwirrung, indem er Trennung
und Entfremdung bewirkt. Er

> *Ich segne dich,*
> *auf Jesus, den Friedensstifter*
> *zu sehen und von Ihm zu lernen.*

zerbricht auf raffinierte, fast unmerkliche Weise oder auch ganz offensichtlich unsere Beziehungen. Dieses Zerstörungswerk betrifft unsere
Gottesbeziehung aber auch alle Arten von zwischenmenschlichen Beziehungen sowie die Beziehung des Menschen zur Natur. Doch wir sind aufgefordert, uns dieser zerstörerischen Macht des Feindes vehement entgegen zu stellen. Um uns die Autorität anzueignen, die es im Kampf gegen
diese dämonischen Mächte und das feindliche Chaos braucht, müssen
wir den Lebensstil eines Friedensstifters entwickeln. Jesus hat uns das
vorgelebt. Von Ihm lernen wir, wie wir der Zerbrochenheit unserer Gesellschaft mit Gottes Frieden begegnen und ihr wirkungsvoll dienen

können. Jesus wusste, wann es Zeit war, den stadtbekannten Sündern zu vergeben, und wann Er die scheinbar rechtschaffenen, religiösen Strukturen an den Pranger stellen musste. Er wusste, wann und wie Er vorgehen musste, um die zerstörerischen Mächte, die Gesetzlosigkeit verbreiten, zu vernichten.

_____ , ich segne dich, auf Jesus, den Friedensstifter zu sehen und von Ihm zu lernen. Ich segne deine Ohren, mit der Fähigkeit zu hören, was der Heilige Geist deinem Geist sagt. Ich segne dich, die Stimme deines Himmlischen Vaters immer besser und differenzierter verstehen zu können. Ich segne dich viele verschiedene Gelegenheiten zu bekommen, um deine Fähigkeiten als Friedensstifter zu trainieren. Ich segne dich, von Gott im richtigen Moment zu Konflikten, Durcheinander und Unfrieden geführt zu werden, um zu lernen, wie du den Frieden Gottes dort hineinbringen kannst. Ich segne dich mit gut passenden Schuhen der Bereitschaft, das Evangelium des Friedens in der richtigen Art und Weise in die unterschiedlichsten Situationen zu bringen.

> *Friede triumphiert über die Mächte, die Chaos und Verwirrung anrichten.*

Jesus sagte: „*Glückselig die Friedensstifter, denn sie werden Söhne Gottes heissen.*"   Matthäus 5,9

Ich segne dich, dich diese Auszeichnung anzustreben, indem du lernst, die Fertigkeiten eines Friedensstifters zu meistern. Ich segne dich, die geistlichen Strukturen zu vernichten, welche errichtet werden und immer mehr Raum und Macht gewinnen, wenn Menschen keinen Frieden wollen und sich gegen die Dinge Gottes wenden. Gott möchte dich in viele solche Situationen führen, denn diese Welt ist voller Chaos, Zerbrochenheit und Feindschaft. Diese Mechanismen des Feindes sind überall anzutreffen. Friedensstifter zu sein, ist daher eine herausfordernde und oft schwierige Angelegenheit, darum segne ich dich mit grosser Ausdauer, immer wieder aufs Neue Frieden zu stiften.

_____ , ich segne dich, deine Fertigkeit als Friedensstifter fortlaufend zu verfeinern, währenddem dich Gott von einer Erfahrung zur nächsten nimmt, um dich zu fördern, damit du die Auszeichnung eines wirklichen Friedensstifters, nämlich «Söhne Gottes zu heissen» erlangst. Ich segne dich, die geistliche Autorität eines wahren Friedensstifters zu haben, damit du die Bollwerke vernichtest, die in deinem Beziehungsnetz Unordnung und Entzweiung bewirken. Ich segne dich, den Frieden nie aus den Augen zu verlieren. Mögen Menschen dich aufsuchen, weil du eine offensichtliche Autorität entwickelt hast, die über die geistlichen Festungen, die Durcheinander und Zerstörung verbreiten, triumphiert.

Ich segne deine Füsse mit der steten Bereitschaft, die das Evangelium des Friedens in dir bewirkt, beschuht zu sein.

Ich segne dich im Namen Jesu, deinem Vorbild, zu denen zu gehören, die Söhne Gottes heissen.

Tag 27 *Freundschaft in Wüstenzeiten*

_____ , Du von Gott Geliebte/r,

Höre mit deinem Geist auf Gottes Wort für dich:

Mein Vater ist der Weingärtner. Jede Rebe an mir, die nicht Frucht bringt, die nimmt er weg; und jede, die Frucht bringt, die reinigt er, dass sie mehr Frucht bringe.   Johannes 15,1-2

Jonathan sagte zu David: Geh hin in Frieden! Was wir beide im Namen des Herrn geschworen haben, dafür wird der Herr zwischen mir und dir und zwischen meinen Nachkommen und deinen Nachkommen auf ewig Zeuge sein. Und David machte sich auf und ging weg. Jonathan aber ging zurück in die Stadt.   1. Samuel 20,42-21,1

Wann immer wir durch Zeiten der Beschneidung gehen, in denen unser Himmlischer Vater Freundschaften, Privilegien, geistliche Dienste, Geld, Versorgung aller Art, unsere Zuversicht, oder gar unseren guten Ruf aus unserem Leben entfernt, ist das ein sehr schmerzhafter Prozess. Auch dann noch, wenn wir die Gewissheit haben, dass diese Beschneidung von Gott kommt und Seine Verheissung trägt, mehr und bessere Frucht hervorzubringen, bleibt sie etwas Schwieriges und Schmerzliches. Ein solcher Prozess ist oft auch eine Zeit grosser Einsamkeit, denn viele Menschen ziehen sich zurück, wenn wir durch schmerzhafte Zeiten gehen.

> *Ich segne dich Gott zu vertrauen, dass Er ganz gewiss das rechte Mass und den richtigen Zeitpunkt für die Bescheidung wählt, damit sie reichste Frucht hervorbringt, die bis in die Ewigkeit reicht.*

David hatte das Privileg, als Gott ihn durch eine Zeit der Beschneidung gehen liess, in Jonathan einen Freund zu haben, der felsenfest zu ihm stand. Ausserdem hielten sechshundert weitere Freunde zu David, während sein Leben zurückgestutzt wurde. Sie harrten mit ihm aus, bis er zu neuer Lebensfülle gelangt war.

_____ , ich segne dich mit den Beschneidungen Gottes, denn so schmerzhaft diese auch sind, sie bewirken das Beste für dich und entspringen der Weisheit und der Liebe deines Himmlischen Vaters. Ich segne dich, Gott zu vertrauen, dass Er ganz gewiss das rechte Mass und den richtigen Zeitpunkt für die Bescheidung wählt, damit sie reichste Frucht hervorbringt, die bis in die Ewigkeit reicht.

_____ , ich segne dich mit tiefen und lebensspendenden Freundschaften, die auch während Gottes Beschneidungszeiten Bestand haben. Möge Er dir Beziehungen schenken, die Er selbst ins Leben ruft und gedeihen lässt, obwohl er gleichzeitig andere wegschneidet, von denen du dachtest, sie seien unersetzbar und überlebenswichtig. Ich segne dich mit einem engsten, vertrauten Menschen, der mit dir durch die dunkelsten Stunden einer rigorosen Beschneidung geht, damit du ermutigt und gestärkt deinen Blick am Himmlischen Vater festmachst.

Ich segne dich auch mit neuen Freunden, die dich während deiner Wüstenzeit als Weggefährten ermutigen, mit dir harren und kämpfen und Gottes Willen suchen. Ich segne dich mit Menschen, die die tiefgründigeren Gottes Wege verstehen, die aber auch dann an deiner Seite bleiben, wenn sie Seine Wege weder begreifen noch erklären können. Ich segne dich, ihre ermutigende Liebe anzunehmen, die dich an die Liebe erinnert, die dein Himmlischer Vater für dich hat.

Ich segne dich mit all dem im Namen Jesu von Nazareth.

Tag 28 *Botschafter des Friedens*

_____, Geliebte/r Gottes,

Höre mit deinem Geist auf Gottes Wort für dich.

[...] wie geschrieben steht: „Es ist keiner gerecht, auch nicht einer; es ist keiner, der verständig ist, der nach Gott fragt. Sie sind alle abgewichen, sie taugen alle zusammen nichts; da ist keiner, der Gutes tut, da ist auch nicht einer! Ihre Kehle ist ein offenes Grab, mit ihren Zungen betrügen sie; Otterngift ist unter ihren Lippen; ihr Mund ist voll Fluchen und Bitterkeit, ihre Füsse eilen, um Blut zu vergiessen; Verwüstung und Elend bezeichnen ihre Bahn, und den Weg des Friedens kennen sie nicht. Es ist keine Gottesfurcht vor ihren Augen.“ Römer 3, 10-18

Wie sollen sie aber den anrufen, an den sie nicht geglaubt haben? Wie sollen sie aber an den glauben, von dem sie nichts gehört haben? Wie sollen sie aber hören ohne einen Verkündiger? Wie sollen sie aber verkündigen, wenn sie nicht ausgesandt werden? Wie geschrieben steht: „Wie lieblich sind die Füsse derer, die Frieden verkündigen, die Gutes verkündigen!“ Römer 10, 14-15

Wo du auch hinschaust, überall findest du Ungerechtigkeit, Gebrochenheit und Ablehnung gegenüber Gott. Viele Menschen, die mit sich selbst nicht im Reinen sind und keinen Frieden in sich haben, verletzen ihre Mitmenschen. Wer keinen Frieden besitzt, raubt dadurch auch den Frieden anderer. Diese Menschen, brauchen jemanden, der ihnen von der Rettung und Wiederherstellung durch Jesus Christus erzählt, von Gottes Plan und Seinem Wunsch, Seine Kraft in und durch sie fliessen zu lassen, damit Er grossartige, herrliche und heilige Dinge durch sie vollbringen kann.

_____, ich segne dich, ein Mensch zu sein, der Frieden zu den Ruhelosen, Zerbrochenen und Gebundenen unserer Gesellschaft bringt. Nimm deinen Frieden und teile ihn mit ihnen! Ich segne dich, die Gute Nachricht des Evangeliums sowohl in neuen als auch in den altbewährten Formen zu kommunizieren. Sei gesegnet, neue Wege zu finden, um die Melodie des Evangeliums für diejenigen erklingen zu lassen, die diese Botschaft bisher noch nicht gehört oder schon mehrfach abgewiesen haben. Ich segne dich, stets die passende Tonart und die geeignete Ausdrucksform für dein Gegenüber zu finden, damit der Geist dieses Menschen fähig wird, die Melodien des Himmels und den Herzschlag Gottes zu hören und in sich aufzunehmen. Ich segne deinen Geist mit der Salbung, den Geist eines Menschen so behutsam anzusprechen, dass er die Gute Nachricht hören und aufnehmen kann. Der Heilige Geist des wahren und lebendigen Gottes wird das Wort bestätigen, das dein Geist zu seinem Geist spricht. Dadurch kann sein verschlossener Verstand die Botschaft der Freiheit nicht mehr blockieren, die du seinem Geist verkündigst. Ich segne dich mit dem Wirken des Heiligen Geistes am Herzen und Geist derer, die dir zuhören, damit sie glauben können.

Ich segne dich, stets die passende Tonart und die geeignete Ausdrucksform für dein Gegenüber zu finden, damit der Geist dieses Menschen fähig wird, die Melodien des Himmels und den Herzschlag Gottes zu hören und in sich aufzunehmen.

Ich segne dich mit der Salbung des Glaubens, die beim Verkünden der Guten Nachricht mit der Salbung des Friedens einhergeht. Ich segne dich, dass durch dein Leben Glauben im Herzen und im Geist deiner Mitmenschen geweckt wird, egal ob du zu einzelnen oder zu Tausenden sprichst. Möge in ihnen der Glaube geweckt werden, die unbegreifliche Botschaft des Evangeliums von Jesus, der uns durch Seinen Tod und Seine Auferstehung mit Gott und Menschen versöhnt und uns Seinen Frieden schenkt, zu ergreifen! Ich segne dich, die Menschen zu ermutigen, die Botschaft aufzunehmen, sich zu Gott zu bekehren und im Glauben zu handeln.

_____, höre mit deinem Geist weiter auf Gottes Wort:

Wie lieblich sind auf den Bergen die Füsse des Freudenboten, der Frieden verkündigt, der gute Botschaft bringt, der das Heil verkündigt, der zu Zion sagt: Dein Gott herrscht als König! Jesaja 52,7

Ich segne dich, die lieblichen Füsse eines Botschafters zu haben, der die gute Nachricht zu den Verwundeten, den Zerbrochenen und Suchenden unserer Zeit bringt. Diese Generation hat die verschiedensten Formen des Christentums schon abgelehnt, noch bevor sie Christus und Seinen Frieden wirklich kennengelernt hat. Ich segne dich mit der vollständigen Versöhnung mit Gott, die sich voller Freude danach ausstreckt, diesen Frieden weiterzugeben. Möge dein Friede mit Gott und die immer ganzheitlichere Entwicklung deines Wesens, dir viele Gelegenheiten dazu eröffnen. Ich segne dich, dass die Ausstrahlung dieses Friedens Menschen anzieht, die dich nach deiner Hoffnung fragen. Ich segne dich, dass Evangelisation ein selbstverständlicher Bestandteil deines Lebens wird und ganz natürlich in die Gespräche mit Bekannten und Unbekannten einfliesst. Ich segne dich mit einer grossen Ernte in deiner Verwandtschaft, unter deinen Freunden und auch in Begegnungen mit Unbekannten.

Ich segne dich, die lieblichen Füsse eines Botschafters zu haben, der das Evangelium so kommuniziert, dass die Zuhörer nicht nur aufhorchen, sondern verstehen und glauben können und Versöhnung mit Gott empfangen, die Jesus mit seinem Blut teuer für sie erkauft hat. Ich segne dich, ein kraftvoller Botschafter der Versöhnung zu sein, der die Menschen zum Frieden mit Gott bringt.

Ich segne dich im Namen von Jesus Christus von Nazareth, dem Friedefürsten.

Tag 29 *Die Pläne des Feindes durchkreuzen*

_____ , Geliebte/r Gottes,

Ich lade deinen Geist ein, aufmerksam auf Gottes Wort für dich zu hören:

Und Mordechai schrieb diese Geschichten auf und sandte Schreiben an alle Juden, die in allen Ländern des Königs Ahasveros waren, nah und fern, sie sollten als Feiertage den vierzehnten und fünfzehnten Tag des Monats Adar annehmen und jährlich halten als die Tage, an denen die Juden zur Ruhe gekommen waren vor ihren Feinden, und als den Monat, in dem sich ihre Schmerzen in Freude und ihr Leid in Festtage verwandelt hatten: dass sie diese halten sollten als Tage des Festmahls und der Freude und einer dem andern Geschenke und den Armen Gaben schicke. Esther 9, 20-22

Er hat die Mächte und Gewalten ihrer Macht entkleidet und sie öffentlich zur Schau gestellt und hat einen Triumph aus ihnen gemacht in Christus. Kolosser 2,15

Als die Juden in babylonischer Gefangenschaft waren, versuchte Haman, ein Mann voll böser Absichten, das Volk der Juden auszurotten. Durch Täuschung und Betrug ergaunerte er sich die Autorität, ein Gesetz zu erlassen, das die Tötung aller Juden anordnete. Gott griff auf gewaltige Art und Weise ein, um die Juden zu retten und ihnen inmitten ihrer Feinde zu Frieden und Wohlstand zu verhelfen. Nachdem die Bedrohung sich in Freude verwandelt hatte, rief Mordechai zwei Feiertage für das ganze Volk aus.

Auch damals als Jesus am Kreuz hing, sah es aus als wäre alles verloren. Doch mit Seinem Tod am Kreuz bezahlte Er das Lösegeld für deine und meine Sünde. Wenn wir unsere Sünden bekennen und die Erlösung sowie den Schutz beanspruchen, die uns der Vater in Jesus anbietet, hat Satan keine legalen Machtansprüche mehr auf unser Leben. Der Tod Jesu am Kreuz war nämlich nicht ein tragisches Ende, sondern ein Neubeginn. Es war nicht eine Tragödie, sondern ein Triumph. Satan hat keinen Sieg gewonnen, sondern ist öffentlich zur Schau gestellt worden. Der Tod des einen Menschen Jesus Christus, des Sohnes Gottes, brachte die Errettung für jeden Einzelnen, der seine Sünde anerkennt und die Wahrheit Seiner Erlösungskraft ergreift.

_____, ich segne dich, das Geschenk der vollständigen Vergebung in seiner ganzen Bedeutung erfassen zu können. Ich segne dich mit dem Wunsch, die Kontrolle deines Lebens deinem Herrn und Meister Jesus Christus zu überlassen. Ich segne dich, Ihm die Herrschaft zu übergeben und zu erlauben, dich zu beschützen. Erlaube Ihm auch, alle anderen Segnungen in deinem Leben Realität werden zu lassen, indem du Ihm jeden Bereich deines Lebens anvertraust.

_____, ich segne dich mit der Freude, immer wieder aufs Neue zu sehen, wie Gott die Pläne Satans zunichte macht und Gutes aus Umständen hervorbringt, durch die der Feind versucht, die Menschen zu zerstören. Ich segne dich mit der Freude, Gottes Gegenwart in dir zu erleben und zu sehen, wie du in Partnerschaft mit Ihm Böses mit Gutem überwindest kannst, um die üblen Pläne des Feindes zunichte zu machen. Ich segne dich, im Alltag regelmässig zu erleben, wie Gott, die von Satan verursachten Probleme dazu nutzt, dir neue Weisheit, Gnade, Stärke und Freisetzung zu schenken, und so durch dich den Feind beschämt. Ich segne dich, dem Leid und Schmerz dieser Welt mit Gottes Perspektive zu begegnen, denn du bist dadurch aufgefordert, deine Berufung zu ergreifen und mehr als bisher dein ganzes Potential auszuschöpfen.

_____, ich segne dich, mit Gott und Seinen Absichten zusammenzuarbeiten und Probleme als Gottes Möglichkeit zu sehen, durch die Er Sein unverwechselbares Eingreifen und Seine Herrlichkeit auf aussergewöhnliche Art und Weise demonstrieren kann. Ich segne dich mit dem Segen des Sieges, denn dein Leben soll den Sieg Jesu am Kreuz im Hier und Jetzt sichtbar machen.

Ich segne dich im Namen Jesu von Nazareth, deinem Herrn.

Tag 30 *Frieden mit Gott*

_____, Geliebte/r Gottes,

Höre mit deinem Geist auf Gottes Wort für dich.

Doch Er wurde um unserer Übertretungen willen durchbohrt, wegen unserer Missetaten zerschlagen; die Strafe lag auf Ihm, damit wir Frieden hätten, und durch Seine Wunden sind wir geheilt worden. Jesaja 53,5

Denn Er ist unser Friede, der aus beiden eins gemacht und die Scheidewand des Zaunes abgebrochen hat, indem Er in Seinem Fleisch die Feindschaft, das Gesetz der Gebote in Satzungen, hinwegtat, um die zwei in sich selbst zu einem neuen Menschen zu schaffen und Frieden zu stiften, und um die beiden in einem Leib mit Gott zu versöhnen durch das Kreuz, nachdem Er durch dasselbe die Feindschaft getötet hatte. Und Er kam und verkündigte Frieden euch, den Fernen, und den Nahen; denn durch Ihn haben wir beide den Zutritt zu dem Vater in einem Geist. Epheser 2,14-18

In diesen beiden Schriftstellen finden wir eine zusammenfassende Beschreibung der Beziehung zwischen Gott und Mensch. Wie in jeder Beziehung ist Frieden auch in unserer Gottesbeziehung das Kernstück. Schon im Alten Testament beziehen sich zwei Drittel der Schriftstellen, die das Wort "Frieden" verwenden, auf Erfüllung, Schutz, Versorgung oder schönste Innigkeit, die wir in Gottes Gegenwart erleben.

> *Ich segne dich mit dem Wunsch, Gott ganz nahe zu sein und die ganze Fülle dessen, was Christus am Kreuz vollbracht hat, zu erleben.*

Gott sehnt sich nach tiefster Gemeinschaft mit uns und danach, dass wir im Innersten Frieden mit Ihm haben, um dadurch Erfüllung und Harmonie zu erleben. Adam und Eva waren anfänglich vollkommen, doch durch ihren Ungehorsam ist die Sünde in die Welt gekommen und herrscht seither über jeden Menschen. Sünde trennt uns seither von Gott, denn sie ist Ungehorsam gegen Ihn und ein Verstoss gegen Seine Ordnungen.

Gott hat Abraham erwählt, der „Vater vieler Völker" zu sein. (1. Mose 17,5). So wurde er der Stammvater Israels. Die Israeliten hatten eine besondere Beziehung mit Gott, denn Er schloss einen Bund mit ihnen und hunderte von Jahren war Seine Gegenwart mitten unter ihnen. Es gab Zeiten, da wandelten sie als ganze Nation in Heiligkeit und wandten sich intensiv Gott zu. Dann wiederum sündigten sie und wandten sich von Ihm ab und dennoch blieb Gott ihnen treu. Im Gegensatz zu den übrigen Nationen war Israel Sein auserwähltes Volk. Jenen war es zwar erlaubt, zu Gott zu kommen, doch Er wohnte nicht unter ihnen.

Schliesslich kam Jesus Christus auf die Erde. Er war vollkommen Gott und doch ganz Mensch und der einzige, der je ohne Sünde lebte. Um den Preis für unsere Sünde zu bezahlen – denn Er selbst war ja ohne Sünde – starb Er den Tod am Kreuz. Jesaja sagt: „*Er wurde um unserer Übertretungen willen durchbohrt, wegen unserer Missetaten zerschlagen; die Strafe lag auf Ihm, damit wir Frieden hätten, und durch Seine Wunden sind wir geheilt worden.*" Er starb am Kreuz für das Volk Israel, das Ihn nicht wirklich verstanden und erkannt hatte und Er starb für die Heiden, die noch weiter von Ihm entfernt waren und noch weniger von ihm wussten als die Juden. Gott sandte Jesus Christus, um für die, die nahe und diejenigen, die ferne waren zu sterben, damit wir alle Frieden mit Gott haben könnten.

_____, ich segne dich mit dem Werk des Heiligen Geistes, der dir zeigt, wie du die Sünde, die dich von Gott trennt, überwinden und den Weg zur Intimität mit dem Vater und Seinem Sohn Jesus Christus finden kannst. Ich segne dich, Frieden in dein Leben zu bringen, indem du jeden Lebensbereich in Einklang mit der klaren Zielsetzung Gottes für dich bringst: die Berufung zu ergreifen, die Jesus Christus schon vor Grundlegung der Welt für dich geplant hat. Ich segne dich, Frieden mit dir selbst, Frieden mit Gott und Frieden mit Menschen zu schliessen. Dies ist möglich geworden, durch das Werk von Jesus Christus, der die Sünde wegnimmt und Gebrochenheit heilt, um dir Seinen Frieden zu geben. Ich segne dich zu erkennen, wo Sünde eine Mauer aufrichtet, die dich hindert, Gottes Reden und Seine Fülle zu erleben. Dein Himmlischer Vater liebt dich und Er wirbt um dich.

_____, ich segne dich, die Sündhaftigkeit der Menschen und die Heiligkeit Gottes in ihrer umfassenden Bedeutung zu verstehen. Ich segne deinen Geist mit höchster Sensibilität für Recht und Unrecht. Ich segne dich mit einem hohen moralischen Massstab und einem grossen Verlangen, Gottes Frieden und Sein Wohlgefallen zu erleben. Ich segne dich mit dem Wunsch, Gott ganz nahe zu sein und die ganze Fülle dessen, was Christus am Kreuz vollbracht und für dich erworben hat, zu erleben. Die Erlösung, die

Gott sehnt sich nach tiefster Gemeinschaft mit uns.

Jesus dir anbietet, hebt jegliche Feindschaft zwischen dir und Gott auf und ermöglicht dir, zuversichtlich und völlig versöhnt in Gottes Gegenwart einzutreten. Ich segne dich, dieses unbeschreibliche Geschenk sowohl mit deinem Geist als auch mit deinem Verstand verstehen und immer mehr erfassen zu können. Ich segne dich, dass die Wahrheit dieser wunderbaren Erlösung dein Leben tiefgreifend verwandelt. Das ist das Verlangen Jesu für dich und Er sehnt sich danach, dass du vollumfänglich mit Ihm versöhnt bist.

Ich segne dich im Namen Jesu, dessen Kreuzigung dir Frieden erkauft hat.

Tag 31 **Unter Gottes Schutz**

_____ , Geliebte/r Gottes,

Ich lade deinen Geist ein, aufmerksam auf Gottes Wort zu hören:

Und spräche ich: Nur Finsternis möge mich verbergen und Nacht sei das Licht um mich her: Auch Finsternis würde vor dir nicht verfinstern, und die Nacht würde leuchten wie der Tag, die Finsternis wäre wie das Licht.   Psalm 139,11-12

Da ist keine Dunkelheit und keine Finsternis, worin sich die Übeltäter verbergen könnten.   Hiob 34,22

Oder kann sich jemand in Schlupfwinkeln verbergen, und ich, ich sähe ihn nicht?, spricht der Herr. Bin ich es nicht, der den Himmel und die Erde erfüllt?, spricht der Herr.   Jeremia 23,24

_____ , das ist die ewige Verheissung deines treuen Himmlischen Vaters, dass selbst die äusserste Dunkelheit Licht für Ihn ist.

_____ , verlasse dich mit deinem Geist ganz auf den Herrn, deinen Gott. Jesus lebt in dir. Er ist dir näher als dein nächster Atemzug, darum gibt es keinen Grund, dich in der Nacht zu fürchten. Höre mit deinem Geist auf Seine Verheissung: *Wer unter dem Schirm des Höchsten sitzt und unter dem Schatten des Allmächtigen bleibt, der spricht zu dem Herrn: Meine Zuversicht und meine Burg, mein Gott, auf den ich hoffe. Denn er errettet dich vom Strick des Jägers und von der verderblichen Pest. Er wird dich mit seinen Fittichen decken, und Zuflucht wirst du haben unter seinen Flügeln. Seine Wahrheit ist Schirm und Schild, dass du nicht erschrecken musst vor dem Grauen der Nacht, vor den Pfeilen, die des Tages fliegen, vor der Pest, die im Finstern schleicht, vor der Seuche, die am Mittag Verderben bringt. Wenn auch tausend fallen zu deiner Seite und zehntausend zu deiner Rechten, so wird es doch dich nicht treffen.*   Psalm 91,1-7

Dein Himmlischer Vater schützt und umgibt dich auch bei Nacht mit dem Schild Seiner Gegenwart. Darum empfange den Segen dieses festen Vertrauens in der Tiefe deines Geistes: *Aber du, Herr, bist der Schild für mich, du bist meine Ehre und hebst mein Haupt empor. [...] Ich liege und schlafe und erwache; denn der Herr hält mich.*   Psalm 3,4 und 6

Des Nachts singt Gott Seine Lieder über dir. In Psalm 42,9 lesen wir: *Des Tages wird der Herr seine Gnade aufbieten, und des Nachts wird Sein Lied bei mir sein, ein Gebet zu dem Gott meines Lebens.*
_____ , ich segne deinen Geist, Seine Lieder zu empfangen und sie dir wohltun zu lassen.

Ebenso kann dein Geist in der Nacht singen: *Wie von Mark und Fett wird meine Seele gesättigt werden, und mit jubelnden Lippen wird mein Mund loben, wenn ich deiner gedenke auf meinem Lager, über dich nachdenke in den Nachtwachen. Denn du bist mir zur Hilfe geworden, und im Schatten deiner Flügel kann ich jubeln.*   Psalm 63,6-8

Denn der Herr hat Wohlgefallen an seinem Volk. Er schmückt die Demütigen mit Heil! Die Frommen sollen jubeln in Herrlichkeit, jauchzen sollen sie auf ihren Lagern! Lobpreis Gottes sei in ihrer Kehle...   Psalm 149, 4-6a

Der nächtliche Lobpreis labt dich mit Seiner Treue und spricht dir Mut und Trost zu. *Es ist gut, den Herrn zu preisen und deinen Namen, du Höchster, zu besingen; am Morgen zu verkünden deine Gnade und deine Treue in den Nächten.*   Psalm 92,2-3

_____ , höre des Nachts mit deinem Geist auf Gottes Weisungen, Seinen Rat und die Zusicherung Seiner Verheissungen, anstatt auf deine Ängste oder Sorgen: *Ich preise den Herrn, der mich beraten hat, selbst des Nachts unterweisen mich meine Nieren.*   Psalm 16, 7

In der Nacht habe ich deines Namens gedacht, Herr, und ich habe dein Gesetz gehalten.[...]Meine Augen sind den Nachtwachen zuvorgekommen, um nachzudenken über dein Wort.   Psalm 119,55 und 148

Bitte Gott, dir in schlaflosen Nächten zu zeigen, ob Er möchte, dass du Fürbitte tust wie es in Klagelieder 2,19 heisst: *Auf, wimmere bei Nacht, bei Beginn der Nachtwachen, schütte wie Wasser dein Herz aus vor dem Angesicht des Herrn! Erhebe deine Hände zu ihm um der Seele deiner Kinder willen, die vor Hunger verschmachten an allen Strassenecken!* Frage Gott ausserdem für wen Er möchte, dass du betest.

Gott gibt aber auch Schlaf, und du darfst Ihn darum bitten. In Psalm 127,2 lesen wir: *Vergebens ist es für euch, dass ihr früh aufsteht, euch spät niedersetzt, das Brot der Mühsal esst. So viel gibt er seinem Geliebten im Schlaf*[4].

_____ , höre auf Gottes Wort in Psalm 4,9 und setze dein Vertrauen auf den Herrn, so wirst du sicher und ruhig schlafen: *In Frieden werde ich, sobald ich liege, schlafen; denn du, Herr, lässt mich, obschon allein, in Sicherheit wohnen.* Und in Sprüche 3,23-26 lesen wir: *Dann gehst du sicher deinen Weg, dein Fuss stösst nirgends an. Wenn du dich hinlegst, wirst du nicht aufschrecken, und liegst du, erquickt dich dein Schlaf. Fürchte dich nicht vor plötzlichem Schrecken noch vor dem Verderben der Gottlosen, wenn es über sie kommt! Denn der Herr ist deine Zuversicht*[5] *und bewahrt deinen Fuss vor der Falle.*

Gott schläft und schlummert nie, darum kannst du dich ganz und gar entspannen und ausruhen. Jesaja 27,2-3 sagt: *An jenem Tag wird man sagen: Ein prächtiger Weinberg! Besingt ihn! Ich, der Herr, behüte ihn, bewässere ihn alle Augenblicke. Damit ihm nichts zustösst, behüte ich ihn Nacht und Tag.* Und in Psalm 121,2-8 lesen wir: *Meine Hilfe kommt vom Herrn, der Himmel und Erde gemacht hat. Er wird nicht zulassen, dass dein Fuss wanke. Dein Hüter schlummert nicht. Siehe, nicht schlummert und nicht schläft der Hüter Israels. Der Herr ist dein Hüter, der Herr ist dein Schatten über deiner rechten Hand. Am Tag wird die Sonne dich nicht stechen, der Mond nicht bei Nacht. Der Herr wird dich behüten vor allem Unheil, er wird dein Leben behüten. Der Herr wird deinen Ausgang und deinen Eingang behüten von nun an bis in Ewigkeit.*

Ich segne dich im Namen des Ewigen Gottes, der niemals schlummert noch schläft und dich auch des Nachts behütet.

Tag 32 *Kraft für jeden Tag*

_____, Geliebte/r Gottes,

Höre mit deinem Geist aufmerksam auf Gottes Wort für dich:

Und wie deine Tage, so sei deine Kraft!   5. Mose 33,25

Denn wenn Er auch aus Schwachheit gekreuzigt wurde, so lebt Er doch aus der Kraft Gottes; so sind auch wir zwar schwach in Ihm, doch werden wir mit Ihm leben aus der Kraft Gottes für euch.   2. Korinther 13,4

_____, du lebst durch die Kraft deines Himmlischen Vaters. Ich segne deinen Geist, Gottes Kraft jeden Tag aufs Neue zu empfangen. Ich segne dich, jeden Morgen in dem Wissen zu erwachen, dass der Lebendige Gott dich erhält, dich stärkt und deinen Geist erneuert. Durch Ihn bist du für jede Begebenheit und alle Herausforderungen des Tages ausgestattet. Seine Kraft gibt dir alles, was du brauchst, um in der Fülle deiner Berufung zu laufen und sie befähigt dich, in den Werken zu wandeln, die der Vater für dich vorbereitet hat. (Epheser 2,10). Ich segne dich mit innerer Ruhe, Sicherheit und Kraft, nicht nur für den einzelnen Tag, sondern für deinen gesamten Lebenslauf. Ich segne dich mit der Gewissheit, dass

> *Ich segne dich mit der tiefgreifenden Erkenntnis, dass du von einem jeden Seiner Worte lebst.*

dein Himmlischer Vater jeden Augenblick deines Lebens bei dir ist, und dir in allen Details an jedem Tag deines Lebens helfen wird. Auch die Anzahl deiner Tage ist in Seiner guten Hand. _____, ich segne dich mit beständiger und stets wachsender Gewissheit Seiner Gegenwart, denn Gott hat dich zu Seiner Freude erschaffen und eine segensreiche Bestimmung auf dein Leben gelegt.

_____, du lebst durch die Verheissungen deines Himmlischen Vaters. Höre mit deinem Geist auf Gottes Wort in Psalm 119,50: *Das ist mein Trost in meinem Elend, dass dein Wort mich belebt.* Ich segne dein Herz und deinen Geist mit Erneuerung und Belebung durch Gottes Verheissungen. Erinnere dich fortwährend daran, wie oft du schon Seine Gegenwart, Liebe und Fürsorge und Seinen Segen erlebt hast. Ich segne dich, an den Verheissungen festzuhalten, die der Vater dir in Seinem Wort und durch Seinen Geist gibt. Ich segne dich mit der tiefgreifenden Erkenntnis, dass du von einem jeden Seiner Worte lebst. Ich segne dich mit der Gewissheit, dass dein treuer Himmlischer Vater immerzu über der Erfüllung Seiner Verheissungen und Absichten für dich wacht. Ich segne dich mit Lebensfreude und fortwährender Erneuerung, Erquickung und Wiederherstellung deiner Beziehung zu Gott und Seiner Treue, die in Seinem Wort beschrieben ist.

_____, du lebst durch das Leben deines Himmlischen Vaters. Johannes 5, 26 sagt: *Denn wie der Vater das Leben in sich selbst hat, so hat Er auch dem Sohn verliehen, das Leben in sich selbst zu haben.* Der Vater hat das Leben und Er hat es dem Sohn gegeben. Ich segne dich mit dem Leben, das Jesus vom Vater erhalten hat. Ich segne dich mit der Erkenntnis, dass dieses göttliche Leben in deinem Geist ist und dich befähigt, Gott beständig besser kennenzulernen und Ihn immer mehr zu lieben. Ich segne deinen Geist mit der tiefen Gewissheit, dass er heute durch die Kraft des Heiligen Geistes lebendig und wohlauf ist und durch Gott gestärkt das Leben meistert.

_____, du lebst aus der Kraft des Lebendigen Gottes. Höre mit deinem Geist auf Gottes Wort in Johannes 11,25: *Jesus spricht zu ihr: Ich bin die Auferstehung und das Leben. Wer an mich glaubt, wird leben.* Ich segne dich mit der unerschütterlichen Gewissheit, dass der Lebendige heute in dir lebt. Er ist dein Leben. Ich segne deinen Geist, heute das volle Mass dieses göttlichen Lebens in dir auszuschöpfen.

_____, du lebst durch das Licht Jesu. Höre mit deinem Geist auf Gottes Wort in Johannes 1,4: *In ihm war das Leben, und das Leben war das Licht der Menschen.* Ich segne dich mit dem Licht, das durch das Leben Jesu in dir freigesetzt wird. Ich segne dich mit Seinem Leben, das deinen Weg, deine Beziehungen, deine Zeit und deine Entscheidungen mit Seinem Licht durchflutet.

_____ , du lebst durch die Worte Jesu. In Johannes 6,63 spricht Sein Wort zu dir: *Der Geist ist es, der lebendig macht, das Fleisch nützt gar nichts. Die Worte, die ich zu euch rede, sind Geist und sind Le-*ben. Ich segne dich, Jesu Worte zu hören und zu verstehen. Ich segne dich, Ihm jeden Tag aufs Neue von Geist zu Geist zu begegnen. Ich segne dich, in allem, was du bist, denkst und tust, vollumfänglich aus Seiner göttlichen Kraft zu leben.

Ich segne dich im Namen Jesu von Nazareth, der dein Leben ist.

Tag 33 *Gottes Spuren entdecken*

_____ , Du von Gott Geliebte/r,

Höre mit deinem Geist auf Gottes Wort für dich:

Kommt her und sehet an die Werke Gottes, der so wunderbar ist in seinem Tun an den Menschenkindern. Psalm 66,5

_____ , ich segne dich, Gottes Werke in deinem Leben zu entdecken, denn Er hat überall Spuren hinterlassen, die dich stets an Ihn und Seine Majestät erinnern sollen. Ich segne dich, Gott auch beim Anschauen des Himmels oder beim Betrachten Seiner Wunder in der Natur erkennen zu können.

Der Himmel erzählt die Herrlichkeit Gottes, und das Himmelsgewölbe verkündet seiner Hände Werk. Psalm 19,2

Ich segne dich mit Dankbarkeit dafür, dass die Himmel die Ehre Gottes verkünden, und dass alles, was dich umgibt von den Werken Seiner Hände erzählt. Ich segne dich, überall Seine Barmherzigkeit und Gnade zu erkennen und dies zum Anlass zu nehmen, Seine Güte zu feiern. Ich segne dich mit der Erkenntnis, dass dein Himmlischer Vater alles wunderbar und zum richtigen Zeitpunkt geschaffen hat.

Ich segne dich mit stets zunehmender Offenbarung Seiner selbst und mit dem Bewusstsein, dass Er die Ewigkeit in dein Herz gelegt hat. Ich segne dich mit staunender Erfurcht über die unermessliche Reichweite von Gottes Werk. Ich segne dich mit der Erfahrung Davids in Psalm 139: *Wie kostbar sind mir deine Gedanken, o Gott! Wie ist ihre Summe so gewaltig! Wollte ich sie zählen – sie sind zahlreicher als der Sand.* Ich segne dich mit diesem anbetenden Staunen und mit der Erkenntnis, dass Gottes Gedanken für dein Leben ebenfalls zu zahlreich sind, um sie jemals zählen oder begreifen zu können. Doch ich segne dich, Seine Spur in deinem Leben zu erkennen und dadurch verstehen zu können, wie bestimmte Ereignisse in Seinen alles umfassenden Plan passen. Ich segne dich, hin und wieder Zeiten zu erleben, in denen du Gottes Gesamtplan für dein Leben erahnen kannst, derweil sich Sein Ebenbild in dir danach sehnt, jetzt schon die Schönheit, die Bedeutung und das letztendliche Ziel Seiner Absichten verstehen zu können. Ich segne dich, die himmlische Strategie so weit als möglich zu erfassen, dich aber gleichzeitig mit allem, was du nicht verstehst, dem Allwissenden anzuvertrauen.

Ich segne dich, zum Himmlischen Vater zu kommen und dich Ihm mit Herz und Geist zu nahen. Ich segne dich mit erneuerter Sicht, sodass du Gottes Handeln in deinem Leben mehr denn je erkennen kannst, sowohl die vergangenen Wohltaten wie auch die fortlaufenden kleinen und grossen Wunder, die Er in deinem Leben vollbringt. Ich segne dich, Gottes Werke in dir und um dich herum mit dankbarem Herzen zu sehen. Ich segne dich, den Segen zu feiern, den dein Himmlischer Vater bereits über Generationen hinweg in deine Familienlinie und somit in dein Leben investiert hat.

Doch ich segne dich,
Seine Spur in deinem Leben zu erkennen
und dadurch verstehen zu können,
wie bestimmte Ereignisse in Seinen
alles umfassenden Plan passen.

Halte dir all das Gute, das Er dir getan hat stets vor Augen und höre nie damit auf, Gott zu verherrlichen. Du bist berufen, Erfüllung und Freude zu erfahren, wenn du in die himmlische Anbetung einstimmst und den Vater für Sein Wesen, Sein Vaterherz, für Seine Gegenwart, Liebe, Gnade und Barmherzigkeit und vieles mehr anbetest.

Ich segne deinen Geist mit Entfaltung und Wachstum. Ich segne dich mit weitem Raum, wo du frei atmen, wachsen und gedeihen kannst, um in die Fülle von Gottes Absichten für dein Leben hineinzukommen. Ich segne dich, dein Leben aus der Hand deines Himmlischen Vaters zu empfangen, denn Seine Pläne für dich sind wundervoll.

Ich segne dich mit grosser Dankbarkeit für die eindrucksvolle, grossartige Kreativität und Vielschichtigkeit deines Wesens. Ich segne dich ebenso mit ehrfürchtigem Staunen über die Wesensart der Menschen sowie die endlose Vielfalt alles Erschaffenen um dich herum. Ich segne dich mit zunehmendem Verständnis der Absichten Gottes für und durch dich. Ich segne dich, Gottes Vaterherz für dich, für die Gemeinschaft und die Stadt, in der du lebst, erkennen zu können.

Ich segne dich im Namen Jesu von Nazareth.

Tag 34 *Glaube*

_____ , du von Gott Geliebte/r,

Höre mit deinem Geist auf Gottes Wort für dich.

Und meine Rede und meine Verkündigung bestand nicht in überreden-
den Worten menschlicher Weisheit, sondern in Erweisung des Geistes und der
Kraft, damit euer Glaube nicht auf Menschenweisheit beruhe, sondern auf
Gottes Kraft.   1. Korinther 2,4-5

_____ , ich segne dich mit dem Glauben, den der Heilige
Geist in deinem Geist bewirkt. Ich segne dich mit Glauben, der in Gottes
Kraft und im Zeugnis des Heiligen Geistes verankert ist; mit dem Glauben, der sich weder auf logisches Denken, noch auf menschliche Philo-
sophien oder wechselhafte Gefühle gründet.

_____ , höre mit deinem Geist auf Gottes Wort in Römer
4,20-21: Er [Abraham] zweifelte nicht an der Verheissung Gottes durch Unglau-
ben, sondern wurde stark durch den Glauben, indem er Gott die Ehre gab und
völlig überzeugt war, dass Er das, was Er verheissen hat, auch zu tun vermag.

_____ , ich segne dich mit dem unerschütterlichen Glauben Abrahams, der im Gottvertrauen seine Heimat verliess, ohne zu wissen, wo Gott ihn hinführte. Ich segne dich mit dem Glauben Abrahams,
der 25 Jahre auf Gottes Verheissung zu warten vermochte, ohne schwach
zu werden. Ich segne dich, durch diese Kraft des Glaubens immerzu stär-
ker und tiefer gegründet zu werden und dadurch Gott zu verherrlichen.
Ich segne dich, vollständig in dem Vertrauen zu ruhen, dass Gott Seine
Versprechen hält, ganz egal wie lange es bis zur Erfüllung dauern wird
oder wie sehr die Umstände Seinem Wort widersprechen mögen. Ich
segne dich mit der unerschütterlichen Zuversicht, dass Gott nicht nur
fähig ist und alle Macht hat, Sein Wort auszuführen, sondern es auch tun

wird! Ich segne deinen Glauben mit Stärke in Jesus, dem Anfänger und Vollender deines Glaubens.

_____ , höre mit deinem Geist noch einmal auf Gottes Wort: *Dann werdet ihr euch jubelnd freuen, die ihr jetzt eine kurze Zeit, wenn es sein muss, traurig seid in mancherlei Anfechtungen, damit die Bewährung eures Glaubens – der viel kostbarer ist als das vergängliche Gold, das doch durchs Feuer erprobt wird – Lob, Ehre und Herrlichkeit zur Folge habe bei der Offenbarung Jesu Christi. Ihn liebt ihr, obgleich ihr Ihn nicht gesehen habt; an Ihn glaubt ihr, obgleich ihr Ihn jetzt nicht seht, und über Ihn werdet ihr euch jubelnd freuen mit unaussprechlicher und herrlicher Freude.*   1. Petrus 1,6-8

_____ , ich segne dich mit Glauben, der sich in der Anfechtung bewährt und als unverfälscht erwiesen hat. Ich segne dich, die zukünftige Freude jetzt schon sehen zu können, während du noch durch „mancherlei Anfechtungen" schreitest. Ich segne dich mit starkem Glauben, der rein wie Gold ist. Ich segne dich mit der Erkenntnis, wie unendlich kostbar dein Glaube in Gottes Augen ist; unvergleichlich viel wertvoller als Gold, das im ,Feuer vollkommen gereinigt wurde. Bisher hast du Jesu Herrlichkeit mit den Augen des Glaubens gesehen, wie durch einen Spiegel und trotzdem liebst du Ihn und vertraust Ihm. Es erfüllt dich schon jetzt eine überwältigende, jubelnde Freude, denn du weisst,

> *Ich segne dich vollständig in dem Vertrauen zu ruhen, dass Gott Seine Versprechen hält, ganz egal wie lange es bis zur Erfüllung dauern wird oder wie sehr die Umstände Seinem Wort widersprechen mögen.*

dass du das Ziel deines Glaubens erreichen wirst. Diese Freude ist ein Vorgeschmack und widerspiegelt die künftige Herrlichkeit, die sich erst noch zeigen wird, wenn das ganze Ausmass von Gottes Plänen sichtbar wird. Dann, wenn Jesus Christus in Seiner Herrlichkeit erscheint, wird dir deine Standhaftigkeit Lob, Ruhm und Ehre einbringen. Ich segne dich mit Glauben, der durch deine Liebe für Ihn freigesetzt wird und mit der unaussprechlichen Freude, die in dir geweckt wird, wenn du Ihm vertraust.

_____ , höre mit deinem Geist erneut auf Gottes Wort. In Sprüche 3,5-6 lesen wir: *Vertraue auf den Herrn von ganzem Herzen und verlass dich nicht auf deinen Verstand; gedenke an Ihn auf allen deinen Wegen, so wird Er deine Pfade ebnen.*

_____ , ich segne dich mit kindlichem Vertrauen, das sich mit allem, was dich bewegt an deinen Himmlischen Vater wendet. Verlasse dich nicht auf deine eigene Erkenntnis oder dein menschliches Urteilsvermögen, denn es ist verzerrt und im besten Fall unvollständig. Ich segne dich mit dem „Yada-Faktor". *Yada* ist das hebräische Wort für „Erkennen und bedeutet Einzelheiten erkennen, erfahren, verstehen, unterscheiden können und Einsicht erlangen" aber auch

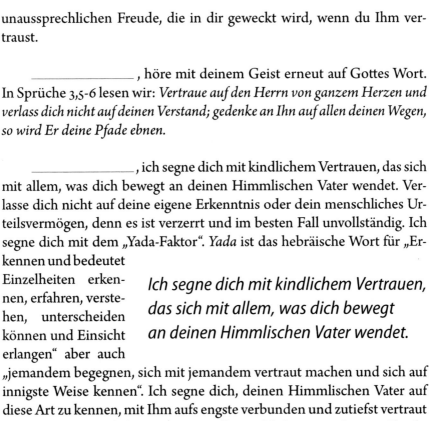

Ich segne dich mit kindlichem Vertrauen, das sich mit allem, was dich bewegt an deinen Himmlischen Vater wendet.

„jemandem begegnen, sich mit jemandem vertraut machen und sich auf innigste Weise kennen". Ich segne dich, deinen Himmlischen Vater auf diese Art zu kennen, mit Ihm aufs engste verbunden und zutiefst vertraut zu sein. Ich segne dich, in Seinem Willen zu bleiben, mit Ihm im Gleichschritt voranzugehen und in allem Seine ganz persönliche Führung zu erfahren.

Ich segne dich im Namen Jesu von Nazareth.

Tag 35 *Hoffnung*

_____ , du von Gott Geliebte/r,

Höre mit deinem Geist auf Gottes Wort für dich.

Da wir nun gerecht geworden sind durch den Glauben, haben wir Frieden mit Gott durch unsern Herrn Jesus Christus; durch Ihn haben wir auch den Zugang im Glauben zu dieser Gnade, in der wir stehen, und rühmen uns der Hoffnung der zukünftigen Herrlichkeit, die Gott geben wird. Nicht allein aber das, sondern wir rühmen uns auch der Bedrängnisse, weil wir wissen, dass Bedrängnis Geduld bringt, Geduld aber Bewährung, Bewährung aber Hoffnung, Hoffnung aber lässt nicht zuschanden werden; denn die Liebe Gottes ist ausgegossen in unsre Herzen durch den Heiligen Geist, der uns gegeben ist.

Römer 5, 1-5

_____ , dein Himmlischer Vater bezeugt, dass dir in Jesus das grösste Privileg gegeben worden ist, Seine Gnade. Weil du freudig und zuversichtlich der Herrlichkeit entgegensiehst, die du mit Ihm teilen wirst, kannst du sogar inmitten von Schwierigkeiten und Prüfungen voller Freude sein. Das griechische Wort, das mit „Hoffnung" übersetzt wird, bedeutet „etwas Gutes begehren und vertrauensvoll erwarten, es zu erlangen". Das Ergebnis ist also nicht in Frage gestellt. Dein Sieg ist völlig in Gottes Hand, egal welche Widerstände, Herausforderungen oder Leiden sich dir entgegenstellen. Sogar wenn sich die Erfüllung deiner Hoffnung verzögert und sich lange hinzieht, kannst du deinem Himmlischen Vater vertrauen, dass Er dir alle Dinge zum Besten dienen lässt. Solche Prüfungen geben dir die Gelegenheit, dich in deinem Glauben zu bewähren. Der Vater verspricht, dass wir Geduld lernen, in unserem Charakter gestärkt und in der Hoffnung, die Herrlichkeit Seiner Liebe zu sehen, gefestigt werden, wenn wir uns nach Gottes Willen für unser Leben ausstrecken. Diese Hoffnung wird nicht enttäuscht werden, denn Seine Liebe für dich ist unerschütterlich und unveränderlich. Die übernatürliche Kraft des Heiligen Geistes ist in dir, um dich stets mit der Gewissheit zu erfüllen, dass dein Himmlischer Vater dich liebt. Darum kann dir der Vater in Römer 12,12 liebevoll und bestimmt sagen: *Sei fröhlich in Hoffnung.*

_____ , höre mit deinem Geist auf Gottes Wort :

Gesegnet aber ist der Mann, der sich auf den Herrn verlässt und dessen Zuversicht der Herr ist;   Jeremia 17,7

Da wirst du erfahren, dass ich der Herr bin, am dem nicht zuschanden werden, die auf mich harren.   Jesaja 49,23

_____ , in einer Zeit, in der du freudig ahnend oder sehnlichst ausharrend Gottes Handeln oder Seine Weisung erwartest, lernst du die Bedeutung von Hoffnung zu verstehen. Hoffnung, die man sieht, ist keine Hoffnung, denn wie kann man auf das hoffen, was man sieht? Ich segne dich mit Hoffnung überall dort, wo sich deine Erwartung verzögert hat. Eines der hebräischen Wörter für „Hoffnung" hat denselben Wortstamm wie das Wort „warten". Die hebräischen Worte für „Hoffnung" bedeuten soviel wie „Zuver-

Seine Liebe für dich ist unerschütterlich und unveränderlich.

sicht, Geburtswehen haben, warten, Zufluchtsort, Erwartung, Geduld, Garantie, Vertrauen, ausdauernd sein", oder auch „das Ersehnte". Wenn du angesichts der Verzögerungen versucht bist, hoffnungslos zu werden, dann höre den Vater zu dir sagen, dass diejenigen, die auf Ihn warten, nicht beschämt werden. Dein Vater ist der Gott der Hoffnung, der dich mit aller Freude und mit Frieden im Glauben erfüllt, wenn du dein Vertrauen auf Ihn setzt. (Römer 15,13). Ich segne dich mit überströmender Hoffnung durch die Kraft des Heiligen Geistes und mit der Gewissheit, dass die Augen deines Himmlischen Vaters auf denen ruhen, die an Seiner Hoffnung festhalten. Ich segne dich auch mit der Gewissheit, dass Er diejenigen, die Ihm vertrauen, belohnen wird. Ich segne dich mit Sicherheit und tiefem Geborgensein, durch die Verankerung deiner Hoffnung in der Liebe des Vaters.

_____ , höre mit deinem Geist auf Gottes Wort in Psalm 62,6-7: *Aber sei nur stille zu Gott, meine Seele; denn Er ist meine Hoffnung. Er ist mein Fels, meine Hilfe und mein Schutz, dass ich nicht fallen werde. Bei Gott ist mein Heil und meine Ehre; der Fels meiner Stärke, meine Zuversicht ist bei Gott.* Und in 2. Timotheus 1,12b: *Denn ich weiss, an wen ich glaube, und bin gewiss, Er kann mir bewahren, was mir anvertraut ist, bis an jenen Tag.*

_____ , ich segne deinen Geist mit göttlicher Ruhe und Gelassenheit, weil du weisst, dass du fest auf dem unerschütterlichen Felsen von Gottes Treue stehst. Ich segne dich mit unbeirrtem Vertrauen in deinen Himmlischen Vater, der deine Zeiten und Lebensumstände in Seiner Hand hält und kontrolliert. Ich segne deinen Geist, der Seele voranzugehen, ihr Halt und Orientierung zu geben, denn sie mag versucht sein, Dinge in Fragen zu stellen oder sich grosse Sorgen zu machen. _____ , ich segne deinen Geist, seinen Blick am Himmlischen Vater festzumachen und seine Fragen an Ihn zu richten. Sei ganz gewiss, dass du kein Tal der Trübsal ohne Seine Weisheit, Führung und Gnade durchschreiten musst. Ich segne dich, Ihm im Angesicht hoffnungslos erscheinender Umstände Treue zu halten und dennoch Frucht zu tragen.

_____ , höre mit deinem Geist auf Gottes Wort für dich: *So sollten wir durch zwei Zusagen, die nicht wanken – denn es ist unmöglich, dass Gott lügt – einen starken Trost haben, die wir unsere Zuflucht dazu genommen haben, festzuhalten an der angebotenen Hoffnung. Diese haben wir als einen sicheren und festen Anker unserer Seele, der auch hineinreicht bis in das Innere hinter dem Vorhang. Dahinein ist der Vorläufer für uns gegangen, Jesus, der ein Hoherpriester geworden ist in Ewigkeit nach der Ordnung Melchisedeks.* Hebräer 6,18-20.

_____ , ich segne dich, mit völliger Sicherheit in Gott zu ruhen, der nicht lügt und nie lügen wird. Ich segne dich mit ausdauerndem Glauben und unverrückbarer Hoffnung. Diese Geschenke Gottes werden in dir Ermutigung bewirken. Ich segne deinen Geist mit der vollkommenen Überzeugung, dass sich Gott nie verändern wird. Ich segne deinen Geist, zu Ihm zu rennen, als dem starken, vertrauenswürdigen Anker deiner Seele. Ich segne dich, in Gott Zuflucht zu nehmen und vertrauensvoll an Seinem Charakter und Seinen Verheissungen festzuhalten, um erneute Hoffnung zu schöpfen. Ich segne dich, in Glaube, Hoffnung und Liebe verwurzelt zu bleiben, damit du durch Bedrängnis nicht ins Wanken kommst. Erlaube dem Vater, deine Last durch Glauben, deine Enttäuschungen durch Hoffnung und deine Zweifel durch Seine Liebe zu ersetzen. Ich segne deinen Geist, Gott ein Dankopfer zu bringen und Ihn mit Liedern zu loben, auch wenn deine Seele noch im Dunkeln tappt. Ich segne dich mit einer tiefgehenden Gottesbegegnung, während du den ewigen und unveränderlichen Gott über deinem Leben erhebst. Ich segne dich mit unerschütterlicher Hoffnung, auch dann wenn alles um dich herum erschüttert wird.

Ich segne dich im Namen Jesu von Nazareth.

Tag 36 *Liebe*

_____ , Du von Gott Geliebte/r,

Im Namen Jesu lade ich deinen Geist ein, sorgfältig zuzuhören und auf Gottes Wort für dich zu achten.

Denn ich bin gewiss, dass weder Tod noch Leben, weder Engel noch Mächte noch Gewalten, weder Gegenwärtiges noch Zukünftiges, weder Hohes noch Tiefes noch eine andere Kreatur uns scheiden kann von der Liebe Gottes, die in Christus Jesus ist, unserm Herrn. Römer 8,38-39

_____ , dein liebender Himmlischer Vater hat dich herrlich und absolut liebenswert erschaffen. Ich lade deinen Geist ein, sich Gottes Vaterherzen immer mehr zu öffnen, und ich segne dich, diese unvergleichliche Liebe des Vaters, die tiefsten Tiefen deines Wesens durchdringen zu lassen. Seine offenbarte Liebe ist die Quelle, die deine Identität nährt, die dich Gottes unvergleichliche Wertschätzung erfahren lässt und dich Seiner ewigen Annahme versichert.

> *Ich segne deinen Geist mit der unerschütterlichen Überzeugung, dass dich nichts von Seiner Liebe trennen kann.*

Dadurch kannst du deine Bestimmung vertrauensvoll und zielbewusst ausleben. Seine Liebe zu dir schenkt dir tiefste Geborgenheit und unbeschreiblich grossen Wert. Ich segne deinen Geist mit der festen Gewissheit, dass weder Tod noch Leben, weder Engel noch Mächte noch Gewalten, weder Gegenwärtiges noch Zukünftiges, weder Hohes noch Tiefes noch eine andere Kreatur dich jemals von der Liebe deines Himmlischen Vaters trennen kann, die in Christus Jesus ist. Ich segne dich mit der Erkenntnis, dass nichts in deiner Vergangenheit, deiner Gegenwart oder deiner Zukunft Seine Liebe von dir wegzunehmen vermag. Ich segne dich inmitten deiner Ängste und Sorgen, inmitten von

Problemen und Schmerzen, sowohl in guten wie auch in schlechten Zeiten, in Seiner ewigen, unverbrüchlichen Liebe zu dir verwurzelt zu sein und zu bleiben. Er verspricht, dass Er das Negative aufgrund Seiner Liebe und Macht und wegen Seines Segens, der auf dir ruht, in Gutes verwandeln wird. Ich segne dich, tief in dieser Liebe verwurzelt und gegründet zu bleiben.

_____, höre mit deinem Geist auf Gottes Wort in Johannes 15,9 und 11: *Wie mich mein Vater liebt, so liebe ich euch auch. Bleibt in meiner Liebe! [...] Das sage ich euch, damit meine Freude in euch bleibe und eure Freude vollkommen werde.*

Ich segne dich, von dieser vollkommenen und überfliessenden Freude durchflutet zu sein, weil du weisst, dass Jesus dich genau so liebt, wie Ihn Sein Vater liebt. Bedenke, Er liebt dich mit eben dieser Liebe, die zwischen Seinem Vater und Ihm fliesst! Ich segne dich, dich dieser überreichen Liebe deines Himmlischen Vaters immer wieder aufs Neue zu öffnen!

Ich segne dich mit einer tief verwurzelten Identität als Gottes viel geliebtes Kind, das Ihn „Abba lieber Vater" nennt. Ich segne dich, die Liebeserweise, Gaben, Geschenke und die Werke deines liebenden Vaters in deinem Leben zulassen und annehmen zu können. Ich segne deinen Geist und dein Herz, die Wahrheit, Gegenwart und Treue deines Vaters zu empfangen, zu geniessen und zu erwidern. Und ich segne dich, Seine ewige Liebe zu dir in ihrer ganzen Tiefe wahrnehmen zu können, damit du nie wieder an Seiner Liebe zu dir zweifelst. Ich segne deinen Geist, die unendliche Weite der Wahrheit deines Angenommenseins zu ergründen und zu erforschen.

_____ , du bist gewollt, erwünscht, angenommen und wertgeschätzt. Ich lade deinen Geist ein, dich von der Liebe Gottes, die alle Furcht austreibt, durchdringen zu lassen. Ich segne deinen Geist mit der unerschütterlichen Überzeugung, dass dich nichts von Seiner Liebe trennen kann.

Ich segne dich, in neuen und tieferen Dimensionen als bisher zu erkennen, dass Gott Liebe ist. Ich segne dich, als ein Freund Gottes bekannt zu sein. Ich segne dich, in der Tiefe deines Seins zu wissen, dass Er über dich jubelt und sich königlich an dir freut.

Ich segne dich mit Sicherheit und Geborgenheit in der Liebe deines Himmlischen Vaters. Ich segne dich, den Frieden Jesu in deiner Beziehung zum Vater zu erfahren. Ich segne dich, die tausend und Abertausend verschiedenen Arten Seiner Liebesbezeugungen sehen und empfangen zu lernen. Rufe dir immer wieder in Erinnerung, wie dein Vater dir Seine Gegenwart erwiesen hat, wie Er dir Seine Liebe gezeigt, sich um dich gekümmert und dich gesegnet hat. Denke daran, es gibt nichts, das du tun könntest, das Ihn dazu bewegen würde, dich mehr oder weniger zu lieben. Seine Liebe zu dir kannst du dir niemals verdienen, denn Er hat dich schon vor Grundlegung der Welt geliebt. Ich segne dich zu erleben, wie Er sich an dir freut.

Ich segne dich und setze dich frei, Liebe empfangen und Liebe geben zu können. Ich segne dich mit Lebensfreude und mit Freude an Gott.

Nun aber bleiben Glaube, Hoffnung, Liebe, diese drei; aber die Liebe ist die grösste unter ihnen.   1. Korinther 13,13.

Ich segne dich mit dem Banner Seiner Liebe über dir. Ich segne dich im Namen Jesu von Nazareth.

Tag 37 *Geist, Seele und Leib*

_____ , Du von Gott Geliebte/r,

Höre mit deinem Geist auf Gottes Wort für dich:

Er aber, der Gott des Friedens, heilige euch durch und durch und bewahre euren Geist samt Seele und Leib unversehrt, untadelig für die Ankunft unseres Herrn Jesus Christus.   1. Thessalonicher 5,23

_____ , ich segne dich mit einem unversehrten Geist und mit Heiligung durch deinen Himmlischen Vater. Ich segne deinen Geist, dass er deiner Seele Halt und Orientierung geben und ihr vorangehen kann. Dein Geist ist berufen, die zentrale Führungsrolle in deinem Leben innezuhaben. Ich segne dich mit einem immerzu wachsenden Geist, der deine Seele und deinen Leib führt und leitet. Ich segne deinen Geist mit Freiheit und Freimütigkeit. Ich segne deinen Geist mit Gnade und Vergebungsbereitschaft, so dass du über Beleidigungen und Angriffe hinwegsehen und Schuldige entlassen kannst. Ich segne deinen Geist, jegliche Bitterkeit loszulassen. Ich segne ihn, sich dem Himmlischen Vater zuzuwenden und deine Rechtfertigung Gott zu überlassen, währenddem du Bitterkeit loslässt und dich entscheidest, zu vergeben. Wo du schuldig geworden bist, segne ich dich mit Reue und der Bereitschaft von falschen Wegen umzukehren. Ich segne dich, nur so lange zurückzuschauen, bis du das Kreuz Jesu klar vor dir sehen kannst. Dann aber ist es Zeit, über das vollbrachte Werk am Kreuz nachzusinnen und es in deinem Leben wirksam werden zu lassen.

_____ , höre mit deinem Geist auf Gottes Wort für dich:
Wir danken Gott allezeit für euch alle und gedenken euer in unserm Gebet und denken ohne Unterlass vor Gott, unserm Vater, an euer Werk im Glauben und an eure Arbeit in der Liebe und an eure Geduld in der Hoffnung auf unsern Herrn Jesus Christus.   1. Thessalonicher 1,2-3

Paulus spricht hier von Glauben, Hoffnung und Liebe als unsere Motivation, dem Herrn zu dienen. Die Gemeinde der Thessalonicher hatte ausser diesen drei beständigen Tugenden auch die Freude am Herrn, die die schwierigen Umstände überragten, in denen sie sich gerade befanden.

_____ , ich danke Gott für dich. Du bist ein Segen für deinen Himmlischen Vater und für viele Menschen. In Seinen Augen bist du Sein herrliches, geliebtes Kind. Ich freue mich über die wunderbaren Gaben, die Gott dir durch Seinen Heiligen Geist gegeben hat! Ich segne deinen Geist, sich danach auszustrecken, mit Glaube, Hoffnung und Liebe vollgesogen und durchdrungen zu sein. Ich segne dich mit der Fülle dieser lebenswichtigen Tugenden als Grundlage für deine Herzensmotivation und alle deine Entscheidungen. Ich segne dich mit der grösstmöglichen Manifestation der Liebe, die langmütig und freundlich ist, die nicht eifert oder Mutwillen treibt, die sich nicht aufbläht, sich nicht unanständig verhält, die nicht das ihre sucht, sich weder erbittern lässt, noch das Böse anrechnet. Ich segne dich mit den Tugenden der Liebe, die sich nicht über die Ungerechtigkeit, sondern an der Wahrheit freut. Ich segne dich mit der Liebe, die immer beschützt, glaubt und vertraut, die immer hofft und ausharrt. Ich segne dich mit der Liebe, die niemals aufgibt. (1. Korinther 13, 4-8).

*Ich segne dich mit Vorfreude darauf, dass du den Einen, der **die** Liebe ist, einmal von Angesicht zu Angesicht sehen wirst.*

Ich segne dich mit dieser Kraft der Liebe, die harte Herzen zu erweichen und wärmen vermag. Ich segne dich mit der Vorfreude darauf, dass du den Einen, der *die* Liebe ist, einmal von Angesicht zu Angesicht sehen wirst. Ich segne dich, dir Glaube, Hoffnung und Liebe stets vor Augen zu halten und dich daran zu erinnern, dass Liebe die grösste unter diesen dreien ist.

Ich segne dich mit all dem im Namen Jesu von Nazareth.

Tag 38 Kolosser 1,9-13

_____, Geliebte/r Gottes,

Ich lade deinen Geist ein, aufzumerken und auf Gottes Wort zu hören:

Darum lassen wir auch von dem Tag an, an dem wir's gehört haben, nicht ab, für euch zu beten und zu bitten, dass ihr erfüllt werdet mit der Erkenntnis seines Willens in aller geistlichen Weisheit und Einsicht.　　Kolosser 1,9

_____, ich segne dich mit geistlicher Weisheit, mit überfliessender Erkenntnis von Gottes Willen und Seinen Wegen für dein Leben. Ich segne dich, die Ihm wichtigen Fragen zu stellen, Seine Stimme in deinem Geist klar zu erkennen und nicht durch andere Stimmen abgelenkt zu werden. Ich segne dich mit der Offenbarung des Vaters, des Sohnes und des Heiligen Geistes.

_____, höre mit deinem Geist auf Gottes Wort:

[Wir beten und bitten], dass ihr des Herrn würdig lebt, Ihm in allen Stücken gefallt und Frucht bringt in jedem guten Werk und wachst in der Erkenntnis Gottes.　　Kolosser 1,10

Ich segne dich, dem Herrn würdig zu leben, Ihn mit deinem gesamten Lebenswandel zu erfreuen und deinen Himmlischen Vater damit zu ehren. Ich segne dich mit dem göttlichen Verlangen, fortlaufend Gutes zu tun und deine Mitmenschen deine Freundlichkeit erleben zu lassen, die deinem überfliessenden Geist entspringt. Du bist in Jesus Christus zu guten Werken geschaffen, die Gott im Voraus für dich vorbereitet hat, damit du darin wandelst. Und Jesus, der Wahre Weinstock, sagt zu dir: *Bleibt in mir und ich in euch. Wie die Rebe keine Frucht bringen kann aus sich selbst, wenn sie nicht am Weinstock bleibt, so auch ihr nicht, wenn ihr nicht in mir bleibt. [...] Darin wird mein Vater verherrlicht, dass ihr viel Frucht bringt und meine Jünger werdet.[...] Nicht ihr habt mich erwählt, sondern ich habe euch erwählt und bestimmt, dass ihr hingeht und Frucht bringt und eure Frucht bleibt.* Johannes 15,4,8,16a

Ich segne dich, die Herrlichkeit und Grossartigkeit deines Himmlischen Vaters nicht nur immer öfter, sondern auch auf immer neue Art und Weise zu erfahren. Ich segne dich, in immerzu tiefere Vertrautheit mit Ihm zu wachsen und Sein Herz und Seinen Charakter fortlaufend besser zu verstehen. So werden, wie bei den beiden Jüngern auf dem Weg nach Emmaus, deine Liebe für Gott und Jesu Offenbarung seiner Selbst miteinander verschmelzen. Diesen Jüngern erbrannte das Herz als sich Jesus ihnen offenbarte und ihnen das Verständnis für Gottes Wort öffnete.

_____, höre mit deinem Geist auf Gottes Wort:

[Wir beten und bitten, dass ihr...] gestärkt werdet mit aller Kraft durch seine herrliche Macht zu aller Geduld und Langmut. Kolosser 1,11

Ich segne dich mit der Stärke Seiner herrlichen Macht, damit du mit Geduld, Ausdauer und Freude deinen Lauf laufen kannst. Ich segne dich mit Gottes Stärke, Seiner Kraft und Seiner göttlichen Macht, die Seiner Herrlichkeit entspringen, die dich befähigen und Ihn verherrlichen. Ich segne dich, Ängsten im Geist der Kraft, der Liebe und der Besonnenheit zu widerstehen. (2. Timotheus 1, 7). Ich segne dich mit deinem Gott so vertraut zu sein und Ihn so gut zu kennen, dass du in Seiner Kraft mutige und heldenhafte Taten vollbringst. Ich segne dich, ein lebendiges Zeugnis von Gottes Manifestationen zu sein, damit Sein Vermögen, Seine Weisheit und Allmacht durch dein Leben in der Welt sichtbar werden.

Ich segne dich mit der unaussprechlichen Freude des Heiligen Geistes, die von Umständen unabhängig ist. Jeder Tag ist eine Vorbereitung auf die noch vor dir liegenden Wege. Ich segne dich deshalb, dich voll und ganz in diese Vorbereitung hineinzugeben, auch wenn du nicht weisst, was Gott beabsichtigt. Ich segne dich, täglich die nötige Disziplin aufzubringen und mit Entschlossenheit in dein geistliches Wachstum zu investieren. Ich segne dich, Gottes Berufung für dein Leben vollumfänglich anzunehmen. Schrecke nicht davor zurück, wenn sie dir zu gross erscheint und gib nicht auf, wenn sie dir zu schwierig vorkommt! Ich segne dich, unerschrocken nach vorne zu blicken, jeglichem Druck standzuhalten, die Wachstumsschmerzen zu ertragen und dich an der Freude, die auf dich wartet, zu orientieren.

_____, höre mit deinem Geist auf Gottes Wort für dich: *Mit Freuden sagt Dank dem Vater, der euch tüchtig gemacht hat zu dem Erbteil der Heiligen im Licht. Er hat uns errettet von der Macht der Finsternis und hat uns versetzt in das Reich seines lieben Sohnes, in dem wir die Erlösung haben, nämlich die Vergebung der Sünden.* Kolosser 1, 12-14

Ich segne deinen Geist mit grosser und geradezu überfliessender Dankbarkeit für das Geschenk der Teilhabe an den Segnungen des neuen Bundes. Ich segne dich zu erkennen, zu welcher Hoffnung dich dein Himmlischer Vater berufen hat und wie herrlich Sein Erbe für alle Heiligen ist. Ich segne dich, Gleichgesinnte zu finden, mit denen du in Seinem Licht leben und echte Gemeinschaft pflegen kannst. Ich segne deinen Geist, mit Licht durchflutet zu werden, damit du verstehen kannst, was für eine herrliche Zukunft dir Gott verheissen hat.

Ich segne dich zu erkennen, was für eine Autorität du in Jesus über die Herrschaft der Finsternis hast. Ich segne dich mit erleuchteten Augen des Herzens, damit du die überschwängliche, unbeschreiblich grosse Macht Seiner Stärke, die in dir wirksam ist, erkennst. Es ist dieselbe Macht, mit der Er Christus von den Toten auferweckt und zu Seiner Rechten im Himmel über alle Reiche, Gewalt, Macht, Herrschaft und alles, was sonst einen Namen hat, eingesetzt hat. (Epheser 1). Ich segne dich mit dieser unerschütterlichen Gewissheit, dass Er weit über alles, wirklich alles erhaben ist.

_____ , du bist gesegnet, denn Gott hat alles unter die Autorität und unter die Füsse von Jesus Christus getan und Ihn der Gemeinde, die sein Leib ist, zum Haupt gesetzt. (Kolosser 1,18ff).

Du bist in Jesus Christus gesegnet, der alles, allezeit und überall mit Seiner Gegenwart erfüllt.

Tag 39 **Gottes Reden**

_____ , Geliebte/r Gottes,

Ich lade deinen Geist ein, aufmerksam auf Gottes Wort zu hören.

Da kam der Herr und trat herzu und rief wie vorher: „Samuel, Samuel!"
Und Samuel sprach: „Rede, denn dein Knecht hört."   1. Samuel 3,10

_____ , ich segne deinen Geist mit aussergewöhnlicher Sensibilität, damit dein geistliches Ohr völlig auf die Frequenz von Gottes Reden abgestimmt ist. Ich segne dich, wie Samuel zu werden und auf Gottes Rufen zu antworten, währenddem du Seine Stimme immer besser verstehen lernst.

_____ , ich segne deinen Geist, sich bewusst und entschieden in den Lernprozess des Hörens hineinzugeben. Geist, übe die Herrschaft über Seele, Verstand und Körper sehr bestimmt aus und übernimm die eindeutige Leitung. Ich segne dich mit einem gereinigten, wachen und fein abgestimmten geistlichen Ohr, das im richtigen Zeitpunkt hören kann,

> *Ich segne deinen Geist, mit Anbetung, Singen und Jubeln in die Proklamation der himmlischen Anbetung einzustimmen.*
> *Lass dich vom Rhythmus des Himmels durchdringen!*

wenn dir Gott durch Sein Reden den geistlichen Raum aufschliesst. Seele, ich segne dich zur Ruhe zu kommen, damit der Geist immer besser hören kann.

Gott spricht auf viele verschiedene und kreative Arten zu uns. Hören ist keine passive, sondern eine sehr aktive Sache. Je mehr sich deine geistlichen Ohren auf Seine Frequenz ausrichten, um so weniger können Nebengeräusche dich ablenken oder verwirren.

Ich segne dich, deinen Himmlischen Vater durch Sein Wort, durch den Glauben, durch Träume und Visionen hören zu können. Ebenso will Er durch Seinen Heiligen Geist, durch Menschen und durch Seine Schöpfung und vieles mehr zu dir sprechen. Auch die Himmel verkünden die Herrlichkeit des Herrn und ich segne dich, ihre Proklamation hören zu können. Deine Erlösung war ebenfalls davon abhängig, dass du Seine Stimme wahrnehmen konntest, als Er deinen Namen rief. Sei gewiss, deine Antwort auf Sein Rufen, war Musik in den Ohren deines Himmlischen Vaters!

Eine klare Wahrnehmung ist für dein geistliches Leben und Wachsen lebenswichtig, sei es nun für deine Erlösung, dein Gebetsleben oder für deinen Dienst. Von Beginn weg hat Gott das Volk Israel aufgefordert zu hören: *Höre, Israel, der Herr ist unser Gott, der Herr allein.*   5. Mose 6,4

Das hebräische Wort „shema" für „hören" bedeutet „hören und gehorchen". Die Menschen sind von jeher berufen, auf Gott zu hören und zu tun, was Er ihnen aufträgt; angefangen beim Volk Israel, das die Zehn Gebote empfangen hat, weiter zu den Propheten, die in der Wüste riefen *In der Wüste bereitet dem Herrn den Weg, macht in der Steppe eine ebene Bahn unserm Gott!* bis hin zu den Worten Jesu in der Offenbarung: *Wer Ohren hat zu hören, der höre … .*

_____ , ich segne dich, mit geistlicher Bereitschaft und Offenheit damit du jedes einzelne von Gottes Worten hören kannst. Ich segne dich mit der Willigkeit zu tun, was Er dir sagt. Ich segne dich mit einem hörenden Geist und einem verständnisvollen Herzen, das Gut und Böse unterscheiden kann.

_____ , ich segne dich, Sein Reden in jedem Lebensabschnitt aufs Neue zu suchen und Seiner Stimme zu gehorchen und dadurch Gott einen Weg zu bahnen. Ich segne deinen Geist, das geschärfte Gehör eines guten Kriegers zu entwickeln, denn im geistlichen Kampf ist es unerlässlich, die Stimme des Generals unverfälscht zu hören. Ich segne dich, sowohl den Trompetenstoss, der dich zur geistlichen Mobilmachung ruft, als auch das Siegesgeschrei im Lager Gottes deutlich hören zu können.

_____ , ich segne dich, immer wieder in die Worte der Anbetung im Himmel einzustimmen:

Heilig, heilig, heilig ist Gott der Herr, der Allmächtige, der da war und der da ist und der da kommt.   Offenbarung 4,8b

Das Lamm, das geschlachtet ist, ist würdig, zu nehmen Kraft und Reichtum und Weisheit und Stärke und Ehre und Preis und Lob.
                                                                          Offenbarung 5,12

Ich segne deinen Geist, mit Anbetung, Singen und Jubeln in die Proklamation der himmlischen Anbetung einzustimmen. Lass dich vom Rhythmus des Himmels durchdringen! Singe dem Herrn neue Lieder; Lieder der Befreiung, Siegeslieder, Liebeslieder, Lieder des Trostes, Lieder der Freude und Lobpreislieder! Ich segne dich, sowohl in himmlische Lieder einzustimmen als auch den Liedern zu lauschen, die der Herr über dir singt. Ich segne dich mit einem offenen Herzen, damit du die himmlischen Klänge hören und darauf antworten kannst. Ich segne dich, die Stimme deines Guten Hirten zu kennen und zu hören. Jesus sagte, dass Seine Schafe Seine Stimme kennen und Ihm folgen. Ich segne deinen Geist, alles hören zu können, was zum Ergreifen deiner Bestimmung und zum Verstehen deiner Identität grundlegend ist und lebenswichtig. Ich segne deinen Geist, auf Gottes Bestätigung und Annahme zu lauschen und die verschiedenen Zeitabschnitte Gottes und Seine bestimmten Zeitpunkte in deinem Leben erkennen zu können. Ich segne das Verlangen deiner Seele, von Ihm gesättigt zu werden und Ihn zu dir sagen zu hören: *Das ist mein geliebtes Kind, auf ihm ruht mein ganzes Wohlgefallen. Und recht so, du tüchtiger und treuer Knecht [...] geh hinein zu deines Herrn Freude!*   Matthäus 25,21

Ich segne dich im Namen des Vaters deines Geistes.

Tag 40 *Alles hat seine Zeit*

_____ , Geliebte/r Gottes,

Höre mit deinem Geist auf Gottes Wort für dich:

Alles hat seine bestimmte Stunde, und jedes Vorhaben unter dem Him-
mel hat seine Zeit: Geborenwerden hat seine Zeit, und Sterben hat seine Zeit;
Pflanzen hat seine Zeit, und das Gepflanzte ausreissen hat seine Zeit; Töten
hat seine Zeit, und Heilen hat seine Zeit; Zerstören hat seine Zeit, und Bauen
hat seine Zeit; Weinen hat seine Zeit, und Lachen hat seine Zeit; Klagen hat
seine Zeit, und Tanzen hat seine Zeit; Steine schleudern hat seine Zeit, und
Steine sammeln hat seine Zeit; Umarmen hat seine Zeit, und sich der Umar-
mung enthalten hat auch seine Zeit; Suchen hat seine Zeit, und Verlieren hat
seine Zeit; Aufbewahren hat seine Zeit, und Wegwerfen hat seine Zeit; Zerrei-
ssen hat seine Zeit, und Flicken hat seine Zeit; Schweigen hat seine Zeit, und
Reden hat seine Zeit; Lieben hat seine Zeit, und Hassen hat seine Zeit; Krieg
hat seine Zeit, und Frieden hat seine Zeit.   Prediger 1, 3-8

_____ , ich segne dich mit der Erkenntnis, dass dein
Himmlischer Vater die Zeit dazu bestimmt hat, Ihm als Bühne für Seine ewigen Absichten zu dienen. Ich segne dich mit diesen vierzehn Ge-
gensatz-Paaren aus Prediger 1 und mit dem Bewusstsein, dass dein Vater
auch für dich einen ganz persönlichen Platz in der Weltgeschichte ausgewählt hat. Doch nicht nur das! Er wacht auch über jedem einzelnen
Detail, das dich betrifft; so zum Beispiel über dem genauen Zeitpunkt,
wann etwas in deinem Leben geschieht. Gleichzeitig überblickt Er auch
ganze Lebensabschnitte, deren Eigenschaften, Ereignisse und Erfahrungen, sowie ihre Bedeutung und ihre Auswirkungen in deinem Leben. Ich
segne dich, allezeit Sein Angesicht, Sein Herz und Seine Weisheit zu suchen und Gottes Führung in deinem Leben zu vertrauen, auch in Zeiten, wo du nicht sehen kannst, wohin dich dein Weg führt. Jeder einzelne Zeitpunkt deines Lebens dient Seinem alles umfassenden Plan, auch

dann noch, wenn dir das Leben vergeblich, ziellos oder ohne Erklärung erscheint. Ich segne dich mit der Gewissheit, dass jedes einzelne Ereignis in Seinen Händen ist, sogar dann, wenn es als völlig unpassend in deinem Lebenspuzzle erscheint und Gottes Wege für dich ein Rätsel bleiben. Ich segne dich mit der Gewissheit, dass du ganz genau in Gottes Raum und Zeit hineinpasst, sowohl mit deiner Vergangenheit als auch mit deinem noch vor dir liegenden Lebensweg. In Esther 4,14 heisst es über Königin Esther: *Und wer weiss, ob du nicht gerade wegen einer Zeit wie dieser zum Königtum gekommen bist?*

_____, ich segne dich zu erkennen, dass aus der Ewigkeitsperspektive deines Himmlischen Vaters jeder von Ihm gesetzte und gesegnete Zeitabschnitt oder Zeitpunkt wunderbar ist und perfekt passt. Ich segne dich, Seinem grossen und komplexen Plan zu vertrauen, auch dann, wenn du nur einen kleinen Ausschnitt davon erkennen kannst. Ich segne dich, mit deinem Gott im Gleichschritt zu gehen, Ihm weder vorauszueilen noch hinterher zu hinken, damit du zur richtigen Zeit am richtigen Ort bist. Ich segne dich mit Sensibilität für Gottes Jahreszeiten, für Seine besonderen Gnadenmomente sowie für ganz spezifische, einmalige Augenblicke, die es zu ergreifen gilt, bevor sie vorüber sind.

> *Ich segne dich, mit deinem Gott im Gleichschritt zu gehen, Ihm weder vorauszueilen noch hinterher zu hinken, damit du zur richtigen Zeit am richtigen Ort bist.*

Ich segne dich mit einer Zeit-Salbung, die dich Zeitabschnitte sowie spezifische Momente und ihre jeweilige Bedeutung erkennen lässt.

Geborenwerden hat seine Zeit, und Sterben hat seine Zeit. Ich segne dich, Gottes Zeitpunkte, etwas Neues hervorzubringen, zu erkennen und dich im richtigen Moment von Dingen zu verabschieden, die nicht durch Seine Kraft hervorgebracht wurden. Ich segne dich, Gottes Momente, eine neue Vision zu pflanzen oder einen Traum zu verwirklichen, erkennen zu können, aber auch zu realisieren, wann du etwas Altes oder Vergangenes endgültig loslassen und ausreissen sollst.

Heilen hat seine Zeit; Zerstören hat seine Zeit. Ich segne dich zu erkennen, wann Gottes Zeit gekommen ist, Wunden der Seele zu heilen und die Lügen, die sie geglaubt hat, zu zerstören. Ich segne dein Aufbauen und dein Abreissen mit Gottes richtigem Zeitpunkt und bete, dass du keine Erinnerungen für Dinge schaffst, die Er nicht segnet.

Weinen hat seine Zeit und Lachen hat seine Zeit. Ich segne dich, in Gottes Lachen einzustimmen, wenn Sein Herz hoch erfreut ist, und Seine Tränen zu teilen, wenn Er weint.

Klagen hat seine Zeit und Tanzen hat seine Zeit. Ich segne dich, dass du mit Leib und Seele und von ganzem Herzen mit deinem Himmlischen Vater tanzen und springen kannst und dass du auch mit Ihm über die Dinge, die Ihn tief betrüben und schmerzen, trauern kannst. Ich segne dich, zu Gottes Zeit Samen auszustreuen und dich zu Seiner Zeit jubelnd über das Einbringen der Ernte zu freuen.

_____, ich segne dich, einerseits zu Gottes Zeit, von Ihm gesegnete Menschen, Wertmassstäbe und Visionen mit offenen Armen zu begrüssen und andererseits dich von all dem abzuwenden, was nicht mit Seinen Absichten für dich übereinstimmt. Ich segne dich mit abgesonderten Zeiten, in denen du eigene Anstrengungen ablegen und statt dessen nach den verborgenen Schätzen Glaube, Hoffnung, Liebe und Weisheit suchen kannst. Ich segne dich mit Zeiten des Vaters, in denen du dein Leben überprüfen kannst, um nur das zu behalten, was mit Silber, Gold oder Edelsteinen zu vergleichen ist und alles, was Holz, Heu oder Stroh gleicht, über Bord zu werfen.

Ich segne dich zu erkennen, wann Gottes Zeitpunkt gekommen ist, in die Wiederherstellung von Beziehungen zu investieren und wann es Zeit ist, Verbindungen, die nicht von Ihm initiiert sind, zu zerreissen. Ich segne dich, Gottes Zeitpunkte, sowohl zu reden als auch zu schweigen, zu erkennen. Ich segne dich mit der Erkenntnis, wann Gott im Leben deiner Mitmenschen am Wirken ist und ob, wie und wann du daran Anteil haben sollst.

Lieben hat seine Zeit, und Hassen hat seine Zeit. Ich segne dich, zu Gottes Zeiten leidenschaftlich zu lieben, was Er liebt und zu hassen, was Er hasst. Ich segne dich, zu Vaters Zeiten gegen den wirklichen Feind in den Kampf zu ziehen, und ich segne dich ebenso mit Momenten des Friedens und der Ruhe von Gott.

_____ , deine Zeiten sind in Seinen Händen. Ich segne dich mit Freude an Gottes gutem Geschenk, dem Geschenk der Zeit. Ich segne dich, voll und ganz in der Gegenwart zu leben und den Reichtum jedes einzelnen Augenblicks zu geniessen. Psalm 57, 3 sagt: *Ich rufe zu Gott, dem Allerhöchsten, zu Gott, der meine Sache zum guten Ende führt.* Ich segne dich, dich demütig Gott zu unterwerfen, Ihm dein ganzes Vertrauen zu schenken und Ihm in allem für einen guten Ausgang zu glauben.

_____ , ich segne dich und vertraue dich ganz Gott und dem Wort Seiner Gnade an, das dich aufrichtet und ermutigt und dir ein Erbe verspricht mit all denjenigen, die zu Ihm gehören.

Ich segne dich im Namen Jesu von Nazareth.

Teil 3

Mit den Namen Gottes segnen

Tag 1 *Jehova-Jireh*

_____ , Geliebte/r Gottes,

Ich lade deinen Geist ein, sich dem Wort Gottes zu öffnen und zuzuhören.

Da erhob Abraham seine Augen und schaute, und siehe, da war hinter ihm ein Widder, der sich mit seinen Hörnern im Gestrüpp verfangen hatte. Und Abraham ging hin und nahm den Widder und brachte ihn als Brandopfer dar an Stelle seines Sohnes. Und Abraham nannte den Ort: „Der Herr wird dafür sorgen", so dass man noch heute sagt: Auf dem Berg wird der Herr dafür sorgen! 1. Mose 22,13-14.

Der Name Jehova Jireh wird oft nicht korrekt angewendet, nämlich in dem Sinn, dass Gott für unsere materiellen Bedürfnisse vorgesorgt hat. Der Kontext dieses Verses hier zeigt aber, dass Gottes Vorsorge ein Opfer ist, das die Schuld der gesamten Menschheit bezahlen wird. Der Widder war Gottes Ankündigung für die Erlösung, die durch Seinen Sohn Jahrhunderte später auf demselben Berg erfolgen würde. Christus, das gewürdigte Lamm Gottes, starb, um den Namen Jehovah Jireh, „Der Herr wird dafür sorgen" zu erfüllen.

_____ , ich segne dich mit echter Sündenerkenntnis und gleichzeitig mit der tiefen Gewissheit, dass Gott bereits für das Sühneopfer vorgesorgt hat. Ich segne dich, deinem Himmlischen Vater mit deinem Besten zu dienen. Es ist eine wunderbare Möglichkeit, Ihm deine Liebe dadurch zu zeigen, dass du Ihm dein Äusserstes gibst. Doch dies hat nichts damit zu tun, dass du damit etwa Seine Gunst und Annahme verdienen müsstest, denn der Preis dafür ist längst vollständig bezahlt worden. Es gibt nichts, was du tun könntest, um Sein Herz noch mehr für dich zu gewinnen. Du kannst nichts tun, das Ihn dazu bewegen würde, dich noch mehr zu lieben. Er liebt dich bereits mit Seiner ganzen Vollkommenheit. Du kannst aber auch nichts unternehmen, das Ihn jemals dazu bewegen würde, dich weniger zu lieben. Jesus hat Seine Liebe zu dir am Kreuz bereits bewiesen. Seine Liebe für dich ist eine feste und unverrückbare Tatsache. Er hat dich schon vor Grundlegung der Welt geliebt. Ich segne dich, Seine grenzenlose Liebe für dich in der Tiefe deines Wesens erkennen zu können. Und ich segne dich mit tiefster Dankbarkeit dafür, dass Jesus den Preis für

Seine Liebe für dich ist eine feste und unverrückbare Tatsache.

deine Annahme mit Seinem Leben bezahlt hat. Gleichzeitig segne ich dich auch mit der Bereitschaft, Ihm jederzeit mit allem, was du bist und hast zu dienen und so deiner Liebe zu Ihm und deiner Hingabe an Ihn Ausdruck zu verleihen.

Ich segne dich mit tiefer Betroffenheit über deine Sündhaftigkeit und mit der Bereitschaft, wenn immer du schuldig geworden bist, schnell in die Arme deines vergebenden Vaters zu flüchten, denn Er liebt dich auch dann bedingungslos. Ich segne dich, Jehovah-Jireh, deinen Erlöser, mehr und mehr zu erkennen – Jesus ist Sein Name.

Ich segne deinen Geist, dass er von Staunen, Bewunderung, Anbetung und Ehrerweisung übersprudelt, wenn du die grenzenlose Tiefe Seiner immerwährenden Liebe zu dir bedenkst.

Ich segne dein Herz und deinen Geist, sich nach denen auszustrecken, die in die Fänge von Schuld und Verirrung geraten sind, um ihnen den Weg zur Vergebung zeigen zu können. Ich segne dich, ein Werkzeug der Hoffnung und Wiederherstellung zu sein, damit andere durch dein geheiltes Herz und durch Gottes Gnade Reinigung und Heilung erfahren können.

Ich segne dich im Namen Jehova-Jireh.

Tag 2   *Jehovah Rapha*

_____, Geliebte/r Gottes,

Im Namen Jehovah Rapha lade ich deinen Geist ein aufzumerken.

Wirst du der Stimme des Herrn, deines Gottes, gehorchen und tun, was recht ist vor ihm, und merken auf Seine Gebote und halten alle Seine Gesetze, so will ich dir keine der Krankheiten auferlegen, die ich den Ägyptern auferlegt habe; denn ich bin der Herr, dein Arzt. 2.Mose 15,26

_____, ich segne dich, die Grenzen, die Gott uns gesetzt hat, immer besser verstehen zu können. Jehovah Rapha ist der Name Gottes, mit dem Er sich dem Volk Israel beim Auszug aus Ägypten offenbart hat. In Ägypten liessen sich die Israeliten von ägyptischen Ärzten behandeln, weil sie ägyptische Krankheiten hatten. Doch mit Beginn der Wüstenwanderung heilte Gott alle Israeliten. Es gab keine einzige kranke Person mehr unter ihnen und Gott liess die ägyptischen Ärzte und Krankheiten hinter ihnen zurück. Aber dann begegneten sie in Mara dem Problem mit dem bitteren Wasser. Nachdem Gott das Wasser geheilt hatte, sagte Er ihnen, dass sie unter keiner der Krankheiten der Ägypter mehr leiden würden, **wenn** sie der Stimme des Herrn gehorchen und Seine Prinzipien und Ordnungen befolgen würden. Zu dieser Zeit wussten die Israeliten noch nicht, welche Gebote dies sein würden. Noch waren sie ja nicht am Berg Sinai gewesen und Gott hatte ihnen die Gesetze noch nicht gegeben. Doch Er versprach ihnen, dass das Einhalten dieser Gesetze sie gesund erhalten würde. Er lud sie ein, die Grenzen dieser Gebote zu beachten und dadurch gesund zu bleiben.

_____, Gott hat dich berufen, vielseitig zu sein und dich auch ausserhalb der Begrenzungen deiner säkularen und religiösen Prägung zu bewegen. Es ist deine Gabe und besondere Salbung, neue, noch unerkannte Prinzipien in Gottes Wort zu entdecken und diese zu studieren. Er hat dich berufen, neue Facetten Seines Wesens zu verstehen. Du sollst neue

Wege finden, wie diese Einsichten im alltäglichen Leben umgesetzt und ausgelebt werden können. Ich segne diese Gabe in dir. Du sollst dich in den Dimensionen bewegen, zu denen dich Gott berufen hat und von jeglicher Einengung frei sein. Ich segne deinen Pioniergeist und freue mich über deine Fähigkeit, ausserhalb der kulturell üblichen Grenzen zu denken und neue Wege zu finden.

_____, ich segne dich mit einer tiefen und heiligen Ehrfurcht für die Grenzen, die Gott in Seinem Wort gesetzt hat. Gib acht, dass du innerhalb von Gottes Leitlinien bleibst, wenn du ausserhalb der gesellschaftlich üblichen Normen denkst und neue Paradigmen kreierst. Halte dich an die Ordnungen und Vorgaben, die dir Gott in Seinem Wort gesetzt hat. Ich segne dich mit einer tiefen Ehrfurcht Gottes, die dich veranlasst, von Ihm gesetzte Grenzen zu respektieren. Er hat sie dazu gesetzt, dich sicher und unversehrt zu erhalten. Gleichzeitig segne ich dich, deine ganze Freiheit in Bezug auf menschliche Traditionen auszuschöpfen.

_____, ich segne dich mit Stärke im Geist. Ich segne dich, alle Einflüsse zu meiden, die versuchen, dich zu lähmen und klein zu halten. Ich segne dich, krankmachende Einwirkungen auf Geist, Seele und Körper zu erkennen und dich ihnen zu entziehen, denn sie hindern dich, deine Berufung zu erfüllen.

Ich segne dich mit fortlaufenden Offenbarungen von Gottes Willen und Seinen Prinzipien. Ich segne dich, dich mit willigem Herzen innerhalb von Gottes Grenzen zu bewegen, währenddem du gleichzeitig die kulturell gesetzten Normen erweiterst, um der Gesellschaft auf neue Art und Weise Gott nahe zu bringen.

Ich segne dich im Namen von Jehovah Rapha, du geliebtes Kind Gottes. Ich segne dich, Gottes Grenzen zu feiern, dein Geburtsrecht zu erfüllen und heilig, gesund und wohlbehalten innerhalb Seiner Grenzen zu leben.

Ich segne dich im Namen des Vaters, des Sohnes und des Heiligen Geistes.

Tag 3 *Jehovah Rapha*

_____ , Geliebte/r Gottes,

Im Namen Jesu lade ich deinen Geist ein, aufzumerken und auf Gottes Wort zu hören:

Wirst du der Stimme des Herrn, deines Gottes, gehorchen und tun, was recht ist vor Ihm, und merken auf Seine Gebote und halten alle Seine Gesetze, so will ich dir keine der Krankheiten auferlegen, die ich den Ägyptern auferlegt habe; denn ich bin der Herr, dein Arzt.   2. Mose 15,26

Der Kontext, in dem der Name Jehovah Rapha hier erwähnt wird, bezieht sich nicht auf Krankenheilung, sondern auf die Ordnungen, die Gott dem Volk Israel gegeben hat, um gesund zu bleiben. Dies bedeutet präventive Gesundheitsvorsorge, indem wir unseren Körper reinigen und rein erhalten.

Bei deiner Geburt trafen Generationensegen und -flüche, die du von den Familienlinien deiner Eltern geerbt hast, aufeinander. Bildlich gesprochen befindet sich in deinem geistlichen Erbe sowohl eine wertvolle, lebensfördernde Goldmine als auch eine lebensgefährdende Giftmülldeponie. Im Idealfall entschlacken Eltern ihren Körper von giftigen Rückständen, heilen ihre seelischen Wunden und entsorgen ihren geistlichen Ballast bevor sie Kinder zeugen. Leider kennen viele Eltern diese Prinzipien aber gar nicht. Doch auch Eltern, die dies tun, ist es nicht möglich, jeglichen vererbbaren Ballast hundertprozentig zu entsorgen. Unglücklicherweise vererben wir immer auch Negatives an die nächste Generation weiter. Die gute Nachricht jedoch ist die, dass dein Himmlischer Vater durch die Unvollkommenheit deiner Eltern nicht im Geringsten eingeschränkt ist!

_____ , ich segne dich mit allen Segnungen, die in Gottes Bundesnamen «Jehovah Shalom» zusammengefasst sind. Es ist der

Wunsch deines Himmlischen Vaters, dass du voller Leben und an Geist, Seele und Leib unversehrt bist.

Ich segne deinen Geist mit Gottes Heiligung und mit Reinigung von aller Vorfahrenschuld und den eigenen falschen Wegen. Ich segne dich mit geistlichem Hunger, der immer mehr nach Gottes Wort und nach immer tieferer Gemeinschaft mit Seinem Heiligen Geist verlangt.

Der Himmlische Vater ist derjenige, der gebrochene Herzen heilt. Ich segne dein Leben mit Seiner heilenden Gegenwart. Er heilt dein Herz, schenkt dir völlige Wiederherstellung und einen gesunden, lebendigen und wachen Geist.

Ich segne deinen Verstand, deinen Willen, deine Emotionen mit Reinigung durch das Blut Jesu. Sei frei von allen emotionalen Wunden und Lügengebilden, die du von früheren Generationen geerbt hast; von allen negativen Worten, die zu dir gesagt oder die gegen dich ausgesprochen wurden und von allem anderen Schmutz, der sich abgelagert haben mag. Ich spreche dir göttliche Freiheit zu, damit du Liebe empfangen und verschenken kannst und dich deines Lebens, deines Himmlischen Vaters und Seiner Freude an dir erfreuen kannst. Ich setze dich frei, mit Gott, mit dir selbst und mit anderen Frieden zu haben. Ich segne dich mit der Freiheit, Gottes Stimme zu hören und Ihm darauf zu antworten. Ich segne dich, andern Wiederherstellung, Heilung und Rat weiterzugeben, wo immer dich Gott im Laufe deines Lebens hinführt.

Ich segne deinen Körper von aller Krankheitsanfälligkeit gereinigt zu werden. Ich segne dein Blut mit göttlicher Reinigung, denn im Blut ist das Leben. Ich segne auch dein Immunsystem, das im Blutkreislauf verankert ist, mit Gesundheit. Ich segne alle Zellen, Organe und Organsysteme deines Körpers mit Gesundheit und Wohlergehen.

Ich segne dich im Namen von Jehovah Rapha.

Tag 4 *Jehovah Nissi*

_____, Geliebte/r Gottes,

Im Namen Jehovah Nissi lade ich deinen Geist ein, aufzumerken. In 2. Mose 17,15 lesen wir:

Und Mose baute einen Altar und nannte ihn: „Der Herr mein Feldzeichen."

Als die Israeliten von den Amalekitern angegriffen wurden und Mose seine Hände zum Herrn erhob, führte Gott Krieg gegen Amalek. In diesem Kontext offenbarte sich Gott mit dem Namen Jehovah Nissi – der Herr, mein Feldzeichen. Mose musste damals das Volk in den Krieg führen, obwohl es gar nicht darauf vorbereitet gewesen war. Gott griff auf wunderbare Weise ein und versprach dabei, dass Er zukünftig von Generation zu Generation gegen die Amalekiter Krieg führen würde.

_____, ich segne dich mit der Erkenntnis, wann es Zeit ist, mit deinem ganzen Einsatz zu kämpfen, um eine Situation zu verändern und wann es an der Zeit ist, einfach nur deine Hände zum Herrn zu erheben. Es gibt Zeiten, in denen Gott dich heisst, alle deine dir zur Verfügung stehenden Kräfte einzusetzen und dich dabei hart an deine Grenzen führt. So mussten die Israeliten zum Beispiel in Ägypten jahrelang pausenlos hart arbeiten und dann plötzlich mitten in der Nacht

> *Ich segne dich, Jehovah Nissi in deinem Leben ganz real zu erfahren.*

aufbrechen und losmarschieren, um den Ägyptern zu entfliehen. Auch bei der Schlacht gegen Amalek mussten Josua und das Volk alle ihre zur Verfügung stehenden Kräfte einsetzen. Auch in deinem Leben gibt es Zeiten, in denen Gott dich in ein Umfeld führt, in dem alle deine Fähigkeiten und deine ganze Kraft gefordert sind und dazu gebraucht werden, das Reich Gottes voran zu bringen.

Doch es gibt auch Zeiten, in denen Gott ganz spezifische Situationen zulässt, in denen dein Bestes nicht gut genug ist. Ich segne dich, dann den Mut zu haben, wie Mose auf den Berg zu steigen, deine Hände zu Gott zu erheben und Jehova Nissi zu bitten, für dich zu kämpfen. Auch wenn du nicht weisst, wie du kämpfen sollst, hat Jehovah Nissi schon längst über den Feind triumphiert. Und obwohl du nicht weisst wo es lang geht, hat Jehovah Nissi schon längst mit gewaltigen Schritten einen Weg für dich gebahnt.

_____, Jehovah Nissi hat versprochen, dass Er gegen den Geist Amaleks, der sich wie ein allzeit angriffsbereiter Wolf herumtreibt, Krieg führen wird. Amalek greift nie direkt an, doch nutzt er jede deiner Schwächen schamlos aus, und vor allem Zeiten der Veränderung und des Aufbruchs benutzt er für seine Vorteile. Er greift an, wenn ein Kampf am ungelegensten kommt und du nicht darauf vorbereitet bist. Doch Jehovah Nissi hat verheissen, für dich zu kämpfen.

_____ , ich segne dich, tiefe Geborgenheit und Sicherheit in Jehovah Nissi zu finden. Ich segne dich, dich an deinen Fähigkeiten zu freuen, dich aber stets auf den Herrn zu verlassen und jederzeit gewiss zu sein, dass Jehovah Nissi in den Kämpfen, die er in deinem Leben zulässt, allezeit gegenwärtig ist.

_____ , lass dir von Jehova Nissi zeigen, ob du direkt mit Rat und Tat in ein Geschehen involviert sein sollst, oder ob dein Platz auf dem Berggipfel ist, wo du deine Hände erhebst und die Situation im Gebetskampf überwindest.

_____ , ich segne dich, Jehovah Nissi in deinem Leben ganz real zu erfahren.

Ich segne dich im Namen des Vaters, des Sohnes und des Heiligen Geistes.

Tag 5   *Jehovah Nissi*

_____ , Geliebte/r Gottes,

Höre mit deinem Geist aufmerksam auf Gottes Wort:

Und Mose baute einen Altar und gab ihm den Namen: „Der Herr ist mein Feldzeichen", indem er sagte: „Fürwahr, die Hand ist am Thron Jahs: Krieg hat der Herr mit Amalek von Generation zu Generation!"   2. Mose 17, 15-16

Jehovah Nissi, der Herr mein Banner, ist einer der Bundesnamen deines Himmlischen Vaters. Die Amalekiter waren Räuber und Tyrannen. Sie beraubten und attackierten vor allem die Jüngsten, die Alten, die Schwachen und die Nachzügler am Ende des Zuges des

Schaue immerzu auf den Herrn und sieh wie Er Sein Banner über dir wehen lässt, damit jeder den Namen sieht, der darauf geschrieben steht.

Volkes Israel, als diese durch die Wüste zogen. Gott widersteht den Gewalttätigen, egal ob es sich um körperliche oder geistliche Gewalt handelt. Der obige Vers redet davon, dass Gott für immer mit Amalek im Krieg sein wird. In der hier beschriebenen Schlacht gegen Amalek ging Mose mit dem Stab Gottes in der Hand auf den Berg. So lange wie er den Stab in die Höhe hielt, konnte Josua unten im Tal die Schlacht gewinnen.

_____ , du hast einen starken und allgegenwärtigen Himmlischen Vater, der die geistlichen Mächte und Gewalten, die dich auszubeuten und zu plündern versuchen, nicht toleriert. Ich segne dich mit Gottes Schutz gegen jegliche Tyrannei durch geistliche Mächte. Ich segne deinen Geist, von ihrem Widerstand und allen bedrängenden Belästigungen frei zu sein. Ich segne dich mit dem Sieg des

Herrn, sobald du deine Hände zum Thron Gottes erhebst. Ich segne dich, dem Wort deines Himmlischen Vaters Glauben zu schenken. Er hat gesagt, dass Er einen ewigen Zorn gegen diesen Ausbeuter-Geist hat, der dich immer wieder zu überfallen sucht. Ich segne deinen Geist, in der vollen Freiheit Gottes zu leben, anstatt gefangen unter emotionaler Hörigkeit zu überleben. Ich segne deinen Geist mit weitem Raum. Ich segne deine Sinne mit göttlicher Erneuerung, damit du immer mehr mit Gottes Gedanken und Wegen in Einklang kommen kannst. Ich segne dich in allen Lebensbereichen, in denen deine Vorfahren in Sinnlosigkeit und Unwissenheit gefangen gehalten waren, Erlösung und Freiheit durch Jesus Christus zu erleben. Ich segne dich, die Generationenflüche in deiner Familienlinie erkennen zu können, damit du sie ans Kreuz bringen kannst und die volle Freiheit erfährst, die Jesus dir erkauft hat. Ich segne deine Generationenlinie mit einem Neubeginn und völligem Triumph über die generationenübergreifenden Einflüsse dieser raubgierigen Mächte.

Hebe den Namen Jesus in deinem Geist, in deinen Worten und Gedanken und mit deinen Taten hoch. Der Herr ist dein Feldzeichen.

Ich segne dich, von Gottes Herrlichkeit Zeugnis abzulegen und Ihn in neuen Dimensionen anzubeten, wenn du erlebst, wie Jehovah Nissi dein Leben und deine Generationenlinie aus der Hand Amaleks befreit. Ich segne dich, fortan unter dem Schatten Seiner Flügel zu bleiben und bei dem Allerhöchsten Gott, deinem Himmlischen Vater, Zuflucht zu nehmen.

Ich segne dich mit der Gewissheit, dass der Herr, dein Banner, sich allezeit um dich lagert und dich auch körperlich beschützt. Ich segne dich, dich Gott zu nahen und Ihm in schwierigen Zeiten zu vertrauen, anstatt abzuhängen und dich am Rande zum Ungehorsam hin aufzuhalten. Mögest du allezeit im Sieg Seiner Erlösung leben. Ich segne dich mit einem willigen Geist, der stets zu schnellem Gehorsam bereit ist, damit der Schild von Gottes Gunst dich allezeit umgibt.

_____, höre mit deinem Geist noch einmal aufmerksam auf Gottes Wort:

Dann wird man im Westen den Namen des Herrn fürchten und im Osten seine Herrlichkeit; wenn der Bedränger kommt wie ein Wasserstrom, wird der Geist des Herrn ihn in die Flucht schlagen. Jesaja 59,19

Was für ein prächtiges Bild dein Himmlischer Vater dir hier vor Augen malt! Wenn der Feind alles überflutet und alle Lebensbereiche gleichzeitig angreift, wird der Herr Sein Banner gegen ihn erheben. Schaue immerzu auf den Herrn und sieh wie Er Sein Banner über dir wehen lässt, damit jeder den Namen sieht, der darauf geschrieben steht. Hebe den Namen Jesus in deinem Geist, in deinen Worten und Gedanken und mit deinen Taten hoch. Der Herr ist dein Feldzeichen.

Ich segne dich, _____, mit dem Wissen, dass Sein Banner der Liebe über dir aufgerichtet ist. Ich segne dich mit Glauben und Frieden, weil du weisst, dass dein Himmlischer Vater hundertprozentig vertrauenswürdig ist. Ich segne dich, Ihn mehr und mehr zu erkennen.

_____, ich segne dich im Namen Jesu. Er ist Jehovah Nissi, der Sein Alles für dich hingegeben hat, weil Er dich liebt.

Tag 6 *Jehovah Shalom*

_____, Geliebte/r Gottes,

Im Namen Jehovah Shaloms lade ich deinem Geist ein, auf Gottes Wort zu hören:

Der Herr ist Friede.   Richter 6,24

Ich segne dich mit dem Frieden, den wir erleben, wenn wir uns im Zentrum von Gottes Willen befinden. Ich segne deinen Geist und dein Leben mit der Erfahrung und dem Bewusstsein von Gottes ständiger Gegenwart, die von den jeweiligen Umständen völlig unabhängig ist. Ich segne deinen Geist mit der festen Gewissheit, dass Gott sich an dir freut, auch dann noch, wenn menschliche Pläne schief gehen. Ich segne dich, inmitten einer orientierungslosen Gesellschaft, die den Gott, dem du dienst, ablehnt, den Frieden von Jehovah Shalom zu erleben. Ich segne dich, auch dann noch mit Gottes Frieden erfüllt zu sein, wenn du wie Gideon ganz alleine einer gottlosen Kultur gegenüberstehen solltest.

Jehovah Shalom ist der Name Gottes, den Gott Gideon offenbarte, bevor Er ihn berief, Baals Altar herunterzureissen und in den Kampf gegen die Midianiter zu ziehen.

Kurz nachdem Gideon von Gottes Frieden erfüllt worden war, verlor er durch Lebensumstände, die ihn nach unten zogen, diesen Frieden wieder. _____, ich segne dich, fortwährend mit dem Frieden Gottes erfüllt zu sein, damit deine Gefühle nicht wie ein Jojo auf und ab schwingen.

Ich segne dich mit der beständigen Erfahrung Seines unerschütterlichen und übernatürlichen Friedens, während du durch die Wirren dieser Zeit hindurchschreitest. Ich segne dich mit Gottes Frieden, der all unser Verstehen übersteigt und Herz und Gedanken im Glauben an Jesus Christus zu bewahren vermag.

_____ , Gott hat dich dazu berufen, Kulturen zu verändern. Er hat dich berufen, sichtbare Veränderung hervorzubringen. Ich segne dich, Jehovah Shalom gerade dann zu erfahren, wenn sich dir Widerstände entgegenstellen. Ich segne dich, mit Gott aufs engste verbunden zu sein, ständig in Seiner Gegenwart zu leben und ein Träger Seiner Herrlichkeit zu sein.

Ich segne dich, dein Leben in völlige Übereinstimmung mit den Wegen Gottes zu bringen, so dass du im uneingeschränkten Frieden Gottes wandeln kannst.

So wird Sein Friede durch dich fliessen und die Menschen, die deinen Gott noch nicht kennen, berühren. Ich segne deinen Geist, sich Gott vollkommen zu öffnen, damit du die Fülle Seines Willens und Seiner Gegenwart empfangen kannst.

Ich segne dich, in deinem persönlichen Leben Gottes Eingreifen kontinuierlich zu erfahren und nicht nur die biblischen Geschichten Seiner früheren Grosstaten zu kennen.

_____ , geliebtes Kind Gottes, ich segne dich, Jehova Shalom so gut zu kennen, dass du standhaft bleiben und warten kannst, wenn es darum geht, nichts zu tun bis Gottes richtiger Zeitpunkt gekommen ist. Ich segne dich mit hörenden Ohren, damit du mit absoluter Gewissheit erkennen kannst, wann es Zeit ist zu warten, wann es Zeit ist zu handeln; wann es Zeit ist, Menschen um dich zu sammeln und wann es Zeit ist, die Menschen auszusenden, die mit dir unterwegs sind.

Ich segne dich, wie Gideon auf Gottes Wort hin, ohne Schwert in den Kampf zu ziehen. Auf Gottes Befehl hin zog er mit einer Trompete und einer Fackel aus, anstatt sich mit einem Schwert zu rüsten. Ich segne dich, Gottes Weisheit und Strategie so zu vertrauen und so sehr mit Seinem Frieden durchflutet zu sein, dass du Seine unkonventionellen Werkzeuge nehmen und Gottes aussergewöhnliche Wege beschreiten kannst, wenn andere zu Waffen greifen würden. Ich segne dich, dein Leben in völlige Übereinstimmung mit den Wegen Gottes zu bringen, so dass du im uneingeschränkten Frieden Gottes wandeln kannst. Ich segne dich mit der tiefen Gewissheit, die Gideon hatte, als er sagte „Der Herr ist Friede". (Richter 6.24).

Ich segne dich mit allen Segnungen Jehovah Shaloms im Namen des Vaters, des Sohnes und des Heiligen Geistes.

Tag 7   *Jehovah Shalom*

_____ , Geliebte/r Gottes,

Im Namen Jehovah Shalom lade ich deinen Geist ein, aufzumerken. Höre auf Gottes Wort für dich:

Da erschien ihm der Engel des Herrn und sprach zu ihm: Der Herr mit dir, du streitbarer Held! Gideon aber sprach zu ihm: Ach, mein Herr! Ist der Herr mit uns, warum ist uns dann das alles widerfahren? Und wo sind alle seine Wunder, die uns unsere Väter erzählten und sprachen: Der Herr hat uns aus Ägypten geführt? Nun aber hat uns der Herr verstossen und in die Hände der Midianiter gegeben. Der Herr aber wandte sich zu ihm und sprach: Geh hin in dieser deiner Kraft; du sollst Israel erretten aus den Händen der Midianiter. Siehe, ich habe dich gesandt! […] der Herr sprach zu ihm: Friede sei mit dir! Fürchte dich nicht, du wirst nicht sterben. Da baute Gideon dem Herrn dort einen Altar und nannte ihn „Der Herr ist Friede."   Richter 6,12-14 und 16,23-24

Der Name Jehovah Shalom ist einer der zusammengesetzten Bundesnamen deines Himmlischen Vaters. Gott kam zu Gideon als dieser in einer Kelter Weizen drosch, um sich vor den plündernden Midianitern zu verstecken. Gideon wusste, dass die Midianiter wie jedes Jahr zur Erntezeit plötzlich ins Land dringen würden. Dann würden sie den Israeliten, die das ganze Jahr hart auf ihren Feldern gearbeitet hatten, wiederum die Ernte entreissen. Obwohl Gideon wusste, dass Gott unter seinen Vorfahren Wunder gewirkt hatte, konnte er Gottes Gegenwart in seinen jetzigen Umständen nicht sehen. Er war deshalb ruhelos und frustriert. Doch nach seiner Gottesbegegnung wusste er, dass Gott mit ihm war. Dadurch war für Gideon alles anders, obwohl sich äusserlich noch nichts geändert hatte und die Midianiter noch immer das Land bedrohten.

_____ , ich segne dich, unabhängig von Schwierigkeiten, tiefen Frieden in deinem Herzen zu bewahren. In stressvollen Situationen möge dich der Friede des Vaters schützend umgeben und dein ganzes Sein durchfluten. Ich segne dich mit der immerwährenden Gegenwart des Heiligen Geistes, dem Geist des Friedens. Probleme und Schwierigkeiten sind kein Beweis dafür, dass dein Himmlischer Vater nicht mit dir ist. Ich segne dich mit der Gewissheit, dass Gott mit dir und für dich ist und dich nicht deinen Feinden überlassen wird. Ich segne dich mit Frieden und Ruhe für Geist, Seele und Leib im Angesicht widrigster Umstände. Seine Gegenwart ist herrlich und heilig. Er ist immerzu gegenwärtig, darum gib Ihm auch dann die Ehre, wenn du Ihn nicht aktiv intervenieren siehst. Ich segne dich, in dunkeln Stunden nicht an dem zu zweifeln, was Gott dir in lichten Zeiten gesagt hat.

_____ , ich segne dich mit der Perspektive deines Himmlischen Vaters, der das Ende von Anfang an kennt. Ich segne dich, gerade dann in Gottes Dimensionen zu denken, wenn Schwierigkeiten und Versuchungen dir unüberwindbar gross erscheinen. Erinnere dich an Gottes Grösse und Allmacht, denn du gehörst und dienst dem Allerhöchsten Gott, dem

Ich segne dich, in dunkeln Stunden nicht an dem zu zweifeln, was Gott dir in lichten Zeiten gesagt hat.

Schöpfer des Universums. Ich segne dich, deinen Blick auf deinen Himmlischen Vater zu fixieren. Ich segne dich, dich daran zu erinnern, dass dein Vater immerwährend für dich da ist. Er wird all deinen Mangel nach dem Reichtum Seiner Herrlichkeit in Christus Jesus ausfüllen.

Ich segne dich, von Gottes Friedensstrom so durchdrungen zu sein, dass er von dir zu anderen weiterfliesst, um auch ihnen Gottes Leben und Frieden zu bringen. Ich segne dich, Gottes Freude in deinem Herzen zu spüren, wenn Er sich darüber freut, wie dein Vertrauen zu Ihm Frieden in dir bewirkt.

Ich segne dich im Namen Jesu von Nazareth, deinem Jehovah Shalom.

Tag 8   *Jehovah Roi*

_____ , Geliebte/r Gottes,

Höre mit deinem Geist auf Gottes Wort für dich:

Der Herr ist mein Hirte, mir wird nichts mangeln. Er lagert mich auf grünen Auen, er führt mich zu stillen Wassern. Er erquickt meine Seele. Er leitet mich in Pfaden der Gerechtigkeit um Seines Namens willen. Auch wenn ich wandere im Tal des Todesschattens, fürchte ich kein Unheil, denn du bist bei mir; dein Stecken und dein Stab, sie trösten mich. Du bereitest vor mir einen Tisch angesichts meiner Feinde; du hast mein Haupt mit Öl gesalbt, mein Becher fliesst über. Nur Güte und Gnade werden mir folgen alle Tage meines Lebens; und ich werde wohnen im Hause des Herrn lebenslang.   Psalm 23

Jehovah Roi ist einer von Gottes Bundesnamen und bedeutet: Der Herr mein Hirte. Mit dem Bild des Guten Hirten erklärt uns Psalm 23 das Geschenk der Sicherheit, das Gott uns gegeben hat. Schafe lagern sich nur, wenn sie sich in ihrer Umgebung restlos sicher fühlen. Sie brauchen zum Beispiel nicht nur grünes Weideland, sondern auch ein ruhiges Gewässer, wo sie trinken können. Schafe trinken nicht aus fliessendem Wasser.

_____ , ich segne dich mit Sicherheit und Geborgenheit in der schützenden Gegenwart deines Himmlischen Vaters. Schafe lernen die Stimme des Hirten sehr schnell kennen. Ebenso segne ich dich, die vergewissernde Stimme deines Hirten zu kennen und zu hören. Ich segne dich, in der beständigen Gewissheit zu ruhen, dass es dir an nichts mangeln wird und dass du alles, was du jemals brauchen wirst, aus der Hand deines Guten Hirten empfangen wirst. Ich segne dich, dich vom Guten Hirten auf grüne Wiesen führen zu lassen und zu erleben, wie Er dich zu stillen Wassern leitet. Dein Geist hat in Ihm ein Zuhause des Friedens, der Geborgenheit und Ruhe.

Er erquickt meine Seele.

_____ , ich segne dich mit der Gewissheit, dass Er Tag für Tag deine Kräfte erneuert. Überlasse dem Guten Hirten alle deine Sorgen und erlebe wie Er tagtäglich deine Lasten auf sich nimmt, Seine Kraft durch dich strömen lässt und du alle Dinge durch Ihn tun kannst.

Er leitet mich in Pfaden der Gerechtigkeit um seines Namens willen.

_____ , ich segne dich mit Seiner Führung, damit du den rechten Weg findest und Seinem Namen Ehre erweisen kannst. Der Heilige Geist will dich auf Gottes Wegen leiten und dir den Weg der Wahrheit zeigen, darum brauchst du nicht alleine durchs Leben zu gehen. Er bürgt sogar mit Seinem Namen dafür, dich auf den Wegen der Gerechtigkeit zu führen.

Auch wenn ich wandere im Tal des Todesschattens, fürchte ich kein Unheil, denn du bist bei mir; dein Stecken und dein Stab, sie trösten mich.

Wenn Schafe von höher gelegenen Weideplätzen zu Weiden in den Niederungen geführt werden und dabei gefährliche Strecken passieren, gibt ihnen die Gegenwart des Hirten Sicherheit inmitten von potentieller Gefahr. Ich segne dich mit Unerschrockenheit, weil du weisst, dass dein Guter Hirte stets an deiner Seite ist auch wenn du durch dunkle Täler gehst. Dein Guter Hirte hält

Durch die Kraft unserer Worte und durch das Blut des Lammes überwinden wir den Feind. Gott hat dir im Namen Jesu Macht über ihn gegeben.

sogar die Ordnungen des gesamten Universums fest in Seiner Hand und nichts kann Ihn überraschen oder in Panik versetzen. Ich segne dich mit unerschütterlichem Vertrauen in diese Tatsache. Halte dir vor Augen, dass der Tod, der keine Macht über Jesus hatte, letztlich auch keine Macht über dich hat. Ich segne dich, von Angst frei zu sein.

_____ , ich segne dich, den schützenden Stecken und den tröstenden Stab deines Hirten zu erfahren. Jesus hat all die Schmerzen und Schwierigkeiten des menschlichen Lebens durchlaufen, darum kann Er sich mit deinen Bedürfnissen identifizieren und deine Nöte voll und ganz verstehen. Ich segne dich, andere mit dem Trost zu trösten, mit dem Er dich tröstet.

Du bereitest vor mir einen Tisch angesichts meiner Feinde.

_____ , ich segne dich, vor den Augen des Feindes, in der Gegenwart deines Himmlischen Vaters, ein Fest zu feiern. Er ist der Überwinder und hat den Feind besiegt. Durch die Kraft unserer Worte und durch das Blut des Lammes überwinden auch wir den Feind. Gott hat dir im Namen Jesu Macht über ihn gegeben. Der Himmlische Vater ehrt diesen Namen über allen anderen Namen! Sprich ihn darum aus, wann immer du in Schwierigkeiten oder Gefahr bist.

_____ , ich segne dich, für immer zu wissen, dass du einen festen Platz am Tisch deines Himmlischen Vaters hast. Ich segne dich, die Zugehörigkeit, die Verbundenheit und die Geborgenheit Seines Hauses zu erfahren und gewiss zu sein, dass Jesus, die Hoffnung der Herrlichkeit, in dir lebt.

Du hast mein Haupt mit Öl gesalbt, mein Becher fliesst über. Nur Güte und Gnade werden mir folgen alle Tage meines Lebens; und ich werde wohnen im Hause des Herrn lebenslang.

_____ , ich segne dich mit dem heilenden, wohltuenden Salböl Gottes. Ich segne dich, in der Gewissheit tief verwurzelt zu sein, dass dich Gott auf dieser Welt gewollt und erwünscht hat, dass Er dich zum Segen gesetzt hat und dich wertschätzt. Er hat Träume und verborgene Schätze in dich gelegt und wird sie mit dir zusammen zur Entfaltung bringen.

_____ , ich segne dich, dich dem überfliessenden Segen aus der Hand deines Himmlischen Vaters immer mehr öffnen zu können.

Du brauchst dir Seine Gnade nicht zu verdienen; zu Seiner und deiner Freude will Er dich mit Seinen guten Gaben beschenken. Ich segne dich mit all den Schätzen Seines Hauses. Ich segne dich, in Ihm und bei Ihm zuhause zu sein.

_____ , ich segne dich, Seine Güte und Seine unerschöpfliche Liebe zu erleben, die dich unaufhörlich alle Tage deines Lebens umgeben. Ich segne dich, Ihn mit offenem Herzen empfangen zu können.

_____ , ich segne dich im Namen Jesu, des Guten Hirten, Jehovah Roi.

Tag 9   *Jehovah Tsidkenu*

_____, Geliebte/r Gottes,

Im Namen von Jehovah Tsidkenu – der Herr deine Gerechtigkeit – lade ich deinen Geist ein, auf Sein Wort zu hören:

Siehe, es kommt die Zeit, spricht der Herr, dass ich dem David einen gerechten Spross erwecken will. Der soll ein König sein, der wohl regieren und Recht und Gerechtigkeit im Lande üben wird. Zu seiner Zeit soll Juda geholfen werden und Israel sicher wohnen. Und dies wird sein Name sein, mit dem man ihn nennen wird: Der Herr unsre Gerechtigkeit. Jeremia 23, 5-6

Der Text, in den der Name Gottes, Jehovah Tsidkenu, eingebettet ist, ist eine Verheissung, die dem Volk Israel in einer Zeit gegeben wurde, als dessen geistliche und politische Leiter nicht Gottes Werke taten. Stattdessen missbrauchten sie das Volk. Das Volk hat nicht nur unter Vernachlässigung gelitten, sondern vielmehr noch unter grober Ausbeutung durch die Verantwortlichen.

Der Name Jehovah Tsidkenu bezieht sich ganz spezifisch auf Jesus Christus. Doch auch wir sind berufen, in der Fülle dessen, wer Jesus ist, zu wandeln. Gott hat uns dazu berufen, die Gerechtigkeit Gottes zu demonstrieren, indem wir in einer lebensspendenden Art und Weise die Prinzipien Seines Wortes miteinander verknüpfen und sie in unserem Lebenswandel umsetzen. Dadurch nähren wir die Menschen, die wir leiten und geben ihnen Orientierung und Halt. Die Menschen hier waren jedoch von ihren Leitern, die Gott entweder nicht kannten oder Seinen Charakter nicht repräsentierten, vernachlässigt und traumatisiert worden.

_____, Kind des Höchsten Gottes, ich segne dich, die Leitlinien des Wortes Gottes zu kennen. Ich segne die Augen deines

Geistes, damit du sehen kannst, wie du verschiedene Prinzipien kombinieren kannst, um ein aussergewöhnliches Resultat zu erzielen. Ich segne dich, ein Mensch zu sein, von dem Lebensströme ausgehen, wenn Gott dich in das Amt eines Ältesten ruft. Ich segne dich mit Gottes Salbung für deine Leiterschaft, damit du Gottes Wort nicht nur kennst, sondern auch weisst, wie du es im Leben umsetzen kannst. Dadurch wirst du Leben und Wiederherstellung zu der Gemeinschaft bringen, in die dich Gott zum Dienst berufen hat.

_____, ich segne dich, mit grossem Geschick von deinen Vorbildern zu lernen und die Prinzipien weiser und göttlicher Führung immer besser zu verstehen. Im Namen von Jehovah Tsidkenu segne ich dich, es weiter zu bringen als deine Vorgänger und das Amt des Ältesten auf eine neue Qualitätsstufe zu heben.

Ich segne deine Leitungsberufung mit der Fähigkeit und der Weisheit, die verschiedensten lebensspendenden Ordnungen Gottes so miteinander verweben und umsetzen zu können, damit nicht nur einzelne, sondern ganze Gemeinschaften, in die Fülle ihrer Berufung kommen können.

Ich segne dein Leben, jeden Tag auf Gott ausgerichtet zu sein und reiche Frucht hervorzubringen. Ich segne dich mit einer Vielzahl göttlicher Begegnungen und Erfahrungen, die dazu beitragen, dass dein Denken, Handeln und Wandeln immer mehr vom Wesen Jehovah Tsidkenus, dem Herrn unserer Gerechtigkeit, durchdrungen wird. Ich segne dich, ein wahrhaftiger Repräsentant von Gottes Gerechtigkeit und Charakter zu sein.

Ich segne dich im Namen des Vaters und des Sohnes und des Heiligen Geistes.

Tag 10 *Jehovah Tsidkenu*

_____ , Geliebte/r Gottes,

Höre mit deinem Geist auf das Wort Gottes für dich.

Siehe, es kommt die Zeit, spricht der Herr, dass ich dem David einen gerechten Spross erwecken will. Der soll ein König sein, der wohl regieren und Recht und Gerechtigkeit im Lande üben wird. Zu seiner Zeit soll Juda geholfen werden und Israel sicher wohnen. Und dies wird sein Name sein, mit dem man ihn nennen wird: „Der Herr unsere Gerechtigkeit". Jeremia 23, 5-6

Jehovah Tsidkenu – der Herr ist unsere Gerechtigkeit – ist einer der Bundesnamen Gottes. Dieser Bibeltext spricht davon, dass Ruhe und Sicherheit herrschen, wenn ein gerechter König an der Macht ist, denn ein solcher wird tun, was weise, gerecht und richtig ist. Weil eine gerechte Herrschaft die Probleme an ihren Wurzeln angeht, bringt sie gute Frucht hervor.

Ich segne dich mit der Gewissheit, dass du in Jesus gerecht gemacht bist. Aber ich segne dich auch mit dem Eifer und dem Verlangen, dich immer wieder neu nach einem göttlichen Lebensstil der Gerechtigkeit auszustrecken. Ich segne dich, die Stellung deiner Gerechtigkeit in Christus voll und ganz anzunehmen und in ihr zu wandeln. So werden durch dein Leben und Wirken Ströme des Lebens zu den Menschen fliessen. In deinen freundschaftlichen Beziehungen, wie auch in deiner Leitungsverantwortung, hat dein Mass an Gerechtigkeit direkte Auswirkung auf die Sicherheit und Geborgenheit deiner Mitmenschen.

_____ , ich segne dich, einen Lebensstil der Anbetung zu entwickeln und alles, was du tust, aus einem Herzen der Anbetung heraus zu tun. Diese geistliche Disziplin wird als Frucht Gerechtigkeit hervorbringen. Gerechtigkeit und Gottesfürchtigkeit sind nicht Verhaltensregeln, sondern Herzenshaltungen. Darum segne ich dein Herz mit Bewahrung, denn es ist die Quelle deines Lebens und der Ort all deiner Entscheidungen. (Sprüche 4,23). Ich segne dich mit einem Lebensstil, der darauf gegründet ist, kompromisslos zu tun, was Jesus tun würde, denn Er lebt in dir, um den guten und vollkommenen Willen des Vaters zu tun. Ich segne dich, den Menschen mit lebensspendender Weisheit, mit Gerechtigkeit und Aufrichtigkeit zu begegnen. Ich segne dich, das Richtige zu tun einfach darum, weil es richtig ist, und weil es die Motivation deines Herzens ist, deinem Himmlischen Vater zu gefallen und Ihm Freude zu bereiten.

_____ , ich segne dich, dass du mit dem Herzen des Guten Hirten, der für seine Schafe kämpft und sich liebevoll um sie kümmert, für deine Familie und Mitmenschen sor-
gen kannst. Der Gute Hirte kämpft für seine Schafe und kümmert sich um ihre Bedürfnisse. Ich segne dich, in die Herzen der Menschen sehen zu können, damit du ihnen Heilung, Wiederherstellung und Wertschätzung

Ich segne dich, einfach darum das Richtige zu tun, weil es richtig ist, und weil es die Motivation deines Herzens ist, deinem Himmlischen Vater gefallen zu wollen und Ihm Freude zu bereiten.

bringen kannst und nicht durch ihr äusseres Verhalten abgelenkt wirst. Ich segne dich, sie durch die Augen deines Heilands schon geheilt und geheiligt sehen zu können. Ich segne dich, durch Seine Augen sehen zu können, wer sie in Ihm und durch Ihn sind und noch sein werden.

_____ , ich segne dich mit Freunden und Vorgesetzten, die ein hohes Mass an Gerechtigkeit leben und dadurch zu deiner Sicherheit und deinem Schutz beitragen. Ich segne dich mit Leitern, die in Bezug auf Weisheit, Gerechtigkeit und Rechtmässigkeit keine Kompro-
misse eingehen, sondern gemäss Maleachi 6, 8 handeln und wandeln: *Es ist dir gesagt, Mensch, was gut ist und was der Herr von dir fordert, nämlich Gottes Wort halten und Liebe üben und demütig sein vor deinem Gott.*

Ich segne dich mit Gehorsam, für diejenigen in Leitungsverantwortung zu beten und sie zu segnen, damit du und andere *„ein ruhiges und stilles Leben führen können in aller Gottesfurcht und Ehrbarkeit."* (1.Timotheus 2,2). Das gefällt deinem Himmlischen Vater. Ich segne dich, bei Menschen in leitender Stellung Gunst und Gerechtigkeit zu finden, sei dies in Politik oder Kirche, in der Geschäftswelt oder im gesellschaftlichen Leben.

Ich segne dich im Namen Jesu. Er ist Jehovah Tsidkenu – deine Gerechtigkeit.

Tag 11 *Jehovah Shammah*

_____, Geliebte/r Gottes,

Ich lade dich ein, mit deinem Geist aufmerksam auf Gottes Wort in Hesekiel 48,35 zu hören:

Und der Name der Stadt heisst von nun an: Hier ist der Herr.

Jehovah Shammah ist einer von Gottes Bundesnamen und bedeutet, *Hier ist der Herr.* Der Prophet Hesekiel diente den Vertriebenen, die in Babylon im Exil waren, nachdem der Stamm Juda wegen seines Ungehorsams von Gott bestraft worden war. Er sagte ihnen politische, gesellschaftliche, wirtschaftliche und geistliche Wiederherstellung für alle Stämme Israels voraus. Diese wird ihren Abschluss darin finden, dass der Tempel wieder errichtet, dass der Priesterdienst aufgenommen und dass Gott daselbst wohnen und den Tempel mit Seiner Herrlickeit erfüllen wird. Deshalb lautet der letzte Satz im Buch Hesekiel *Und der Name der Stadt heisst von nun an: Hier ist der Herr.* Von allem Anfang an war es Gottes Absicht für die Menschen gewesen, dass sie in Gemeinschaft mit Gott leben sollten. Adam und Eva erlebten die Gegenwart Gottes und Seine Freude an der Gemeinschaft mit den Menschen, die Er erschaffen hatte. Seit jeher ist die Geschichte der Menschheit die Geschichte vieler Versuche, zu Gottes Original zurückzukehren. Durch die Jahrhunderte setzten die Menschen immer wieder bestimmte Tage fest, kreierten religiöse Rituale, schufen Gebäude, Programme, Bücher und Lieder ohne Ende. Doch wieviel mehr möchte Gott, dass wir die Schlichtheit des Paradieses wiederentdecken, wo sich Seine Kinder ohne irgendwelche Einschränkungen an Seiner Gegenwart erfreuen konnten!

_____, ich segne dich, mit der unumstösslichen Gewissheit, dass dein Himmlischer Vater dich zu Seiner Freude erschaffen hat. Ich segne dich, deinen ganz persönlichen Platz in Seinem Königreich einzunehmen und die Schätze, die Er in dir angelegt hat zu entdecken. So wirst du Segensspuren in der natürlichen wie in der geistlichen Welt hinterlassen. Ich segne dich mit dem höchsten Ziel, das die Menschheit verfolgen kann: die Gegenwart Gottes zu erleben und Träger Seiner Gegenwart zu sein. Ich segne dich, in deinem Leben mehr als nach allem anderen nach der Gegenwart und der Gunst deines Himmlischen Vaters zu streben. Ich segne dich, dich immer wieder aufs Neue nach Ihm auszustrecken.

_____, ich segne dich auch mit der Gewissheit, dass dein Vater immer für dich da ist. Er ist als Abba Vater für dich da, wenn du einen liebevollen Vater brauchst. Er ist die Antwort für dich, wenn du unsicher und voller Fragen bist. Er ist dein Verteidiger und Beschützer, wenn du dich verwundbar fühlst oder angegriffen wirst. Er ist als treuer Freund an deiner Seite, wenn du einsam und alleine bist. Er ist als Gott der Liebe für dich da, wenn du dich ungeliebt fühlst und dich nach einer Umarmung sehnst. Er ist Gnade und Barmherzigkeit für dich, wenn du mit dir selbst oder mit anderen zu hart bist. Er ist deine Hoffnung, wenn du entmutigt aufgeben willst. Er ist für dich da, Er ist unfehlbar und allezeit derselbe, auch dann wenn du launisch und untreu bist. Er ist derjenige, der die Stürme, die Konflikte und Ängste in deiner Seele auslösen, stillt. In Ihm findest du wahre Erfüllung, wenn alles andere versagt und dich leer zurückgelassen hat. Er ist der wahre Reichtum, wenn die Verlockungen der Welt dich in Versuchung bringen. Er ist dein Wegbereiter, wenn du in einer Sackgasse steckst. Ich segne dich, immer und immer wieder Seine Treue zu erkennen. Ich segne dich mit der felsenfesten Gewissheit und der immerwährenden Erkenntnis, dass Er treu und unveränderlich zu Seinem Bundesnamen und zu Seinem Wesen steht. Ich segne dich, allezeit in der Gewissheit Seiner Gegenwart zu leben und zu wissen, dass keiner deiner Wünsche, keiner deiner Mängel jemals Seine Quellen oder Seinen Wunsch, dir das Allerbeste zu geben, ausschöpfen kann.

Ich segne dich im Namen Jehovah Shammah. Er ist dein allezeit gegenwärtiger Gott!

Tag 12 *Jehovah M'Kaddesh*

_____ , Geliebte/r Gottes,

Ich lade dich ein, mit deinem Geist aufmerksam auf Gottes Wort für dich zu hören:

Ich bin der Herr, der euch heiligt.   3. Mose 20,8

Du aber, du wirst jubeln in dem Herrn und dich rühmen in dem Heiligen Israels.   Jesaja 41,16

Jauchze und juble, Bewohnerin von Zion! Denn gross ist in deiner Mitte der Heilige Israels.   Jesaja 12,6

Heiligkeit beschreibt das Wesen Gottes. Er ist der Heilige. Seine Heiligkeit kann nicht von Seinem Wesen getrennt werden. Gott ist ganz ohne den geringsten Makel. ER berief Jesus, dich zu erlösen, und deine Sünden auf sich zu nehmen. Jesus starb deshalb für dich am Kreuz und heiligte dich. Du kannst dich selbst nicht heiligen, ganz egal wie hart du es probieren würdest oder wie perfekt du zu leben versuchtest. Auch ist Perfektion nicht das Gleiche wie Heiligkeit. Das hebräische Wort für Heiligkeit bedeutet Reinheit, Hingabe an Gott, Anbetung Gottes oder auch für eine besondere Sache abgesondert und auserwählt sein.

_____ , ich segne dich, deinen Himmlischen Vater immer mehr zu erkennen. Ich segne dich mit der Gewissheit, dass Seine Heiligkeit, aufgrund von Jesu Tod am Kreuz und Seiner Auferstehung, dir angerechnet wird. Ich segne dich, in Seiner unverbrüchlichen, bedingungslosen Liebe verwurzelt zu sein. Du kannst dir Seine Liebe nicht verdienen, Er hat dich schon immer mit Seiner ewigen Liebe geliebt. Ich segne dich, die Angst, nicht zu genügen, loszulassen. Dein Himmlischer Vater sieht dich in Jesus, Seinem vollkommenen und geliebten Sohn, darum sieht Er dich als bereits vollkommen gemacht. Er wünscht sich, Seine Heiligkeit in deinem Leben kund zu tun. Ich segne dich mit Freude an Gottes Heiligkeit und an deiner Heiligung in Ihm. In unserer Kultur werden Freude und Heiligkeit kaum miteinander in Verbindung gebracht, doch in Gottes Wort heisst es, dass wir dem Heiligen Israels zujubeln und uns Seiner rühmen und erfreuen sollen. Ich segne dich, die Schönheit von Gottes Heiligkeit und Seine Herrlichkeit zu feiern. Er ist der Heilige, der dich heiligt, der dich vollumfänglich annimmt und das Beste in dir hervorbringt.

_____ , höre nun auf Gottes Wort in Jesaja 43,1-3:

Aber jetzt, so spricht der Herr, der dich geschaffen, Jakob, und der dich gebildet hat, Israel: Fürchte dich nicht, denn ich habe dich erlöst! Ich habe dich bei deinem Namen gerufen, du bist mein. Wenn du durchs Wasser gehst, ich bin bei dir, und durch Ströme, sie werden dich nicht überfluten. Wenn du durchs Feuer gehst, wirst du nicht versengt werden, und die Flamme wird dich nicht verbrennen. Denn ich bin der Herr, dein Gott, ich, der Heilige Israels, dein Retter.

Ich segne dich mit dieser Wahrheit, dass dein Himmlischer Vater dir mit besonderer Behutsamkeit begegnet, weil du Sein Eigentum bist. Ich segne dich, in der Tiefe deines Geistes zu wissen, dass du Ihm gehörst, dass Er sich an dir erfreut, dass du zu Seiner Verherrlichung geschaffen bist und dass du in Ihm und durch Ihn rein bist. Ich segne dich mit der grösstmöglichen Freimütigkeit, deinen Himmlischen Vater leidenschaftlich zu verherrlichen. Ich segne deinen Geist, sich vorbehaltlos deinem Heiligen Vater zuzuwenden. Er kennt dich mit Namen, Er ändert den Lauf der Wasserströme, damit sie dich nicht überfluten, Er ändert sogar die Eigenschaften des Feuers, damit es dich nicht verbrennen kann. Ich segne dich, die Kostbarkeit dieses Versprechens erkennen zu können. Ich segne dich, deinen Weg angstfrei zu gehen, denn Er hat versprochen, dass dir nichts schaden wird. Ich segne dich mit der Kraft und der Autorität Seines Namens, durch die Er sich als dein Gott zu erkennen gibt.

Ich segne dich im Namen Jehovah M'Kaddesh, deines Erretters, des Heiligen Gottes, der dich heiligt.

Tag 13 *Jahwe*

_____, Geliebte/r Gottes,

Im Namen Jahwes lade ich deinen Geist ein, aufzuhorchen und zu-zuhören.

Und Gott redete zu Mose und sprach zu ihm: Ich bin Jahwe. Ich bin Abraham, Isaak und Jakob erschienen als Gott, der Allmächtige; aber mit meinem Namen Jahwe habe ich mich ihnen nicht zu erkennen gegeben. 2. Mose 6,2-3

Jahwe ist einer von Gottes Bundesnamen, der das Wesen Gottes offenbart. Ich segne dich im Namen Jahwes, des Ewig-Seienden, des selbstexistierenden Einen. Ich segne dich im Namen dessen, der war bevor die Zeit begann und bevor alles, was wir uns vorstellen oder ausdenken können, seinen Anfang nahm. Er ist der Gott, der alles erhält, was Er erschaffen hat. Er war, Er ist, Er wird immer sein.

Schon vor Grundlegung der Welt hat Jahwe dich gewollt, geliebt und dein Leben ins Dasein gerufen. Noch bevor der erste deiner Tage begann, hat Er deine Lebensgeschichte in Sein Buch geschrieben und die unverwechselbaren Kostbarkeiten deines Wesens und deine Talente geschaffen. Bevor Jahwe die Welt erschaffen hat, warst du schon in Seinen Gedanken. Dass Er plante, mit dir einen Bund zu schliessen, ist ein Ausdruck Seines Wesens und Seiner Macht. Der Ewige Gott möchte, dass du als Sein Kind den Schutz und die Versorgung aus Seinen unendlichen Quellen uneingeschränkt geniessen kannst.

_____, ich segne dich, das wahre Wesen Gottes immerzu besser zu erkennen und die Wahrheit über Seine grenzenlose Liebe für dich zu erfassen. Ich segne dich, den überfliessenden Reichtum der Fülle Gottes in deinem Geist zu erfahren und nicht nur mit deinem Verstand darum zu wissen. Ich segne dich, Seine Versorgung in jedem Lebensbereich wahrzunehmen und zu sehen, wie Er vor dir hergeht und dir den Weg ebnet. Nicht immer wird Er auf direktem Wege mit dir kommunizieren. Er wird dir Seine Versorgung oder Führung manchmal auch durch Menschen und Situationen zukommen lassen. Ich segne dich, dass die Augen deines Geistes diese Geschenke Gottes, der Seinen Bund mit dir in Treue hält, sehen können.

_____, ich segne dich, die Freiheit und die Verantwortung, die dir Gottes Bund schenkt, zu feiern und dich königlich daran zu freuen. Ich segne dich, diesen Bund intensiver und umfassender zu leben, als du es bei den Menschen um dich herum beobachten kannst. Die Segnungen des Bundes sind grenzenlos und entsprechen der unermesslichen, unerschöpflichen und unbeschreiblichen Grösse von Jahwe selbst. In unserer Menschlichkeit können wir typischerweise nur einen Bruchteil unserer Segnungen erkennen, doch ich segne dich, Kind Jahwes, dass du den Charakter des Bundes und seiner Segnungen für dich immer besser kennenlernst. Beides ist ein Abbild der unbegreiflichen Grösse Gottes, der dich, _____, erschaffen hat.

Ich segne dich, in der Fülle deiner Berufung zu leben. Dafür brauchst du die Segnungen Jahwes. Er freut sich, mit dir zusammenzuwirken, damit du alles werden und in die Fülle dessen eintreten kannst, wozu Er dich berufen hat! Ich segne dich, Seine Freude an Seinem Bund mit dir wahrnehmen und erleben zu können. Jahwe jubelt und freut sich, wenn du eine neue Seite von dir entdeckst, denn du selbst bist ein Teil Seines Geschenkes an dich. Je mehr du erkennst, wie Er dich geschaffen hat, desto besser begreifst du, wie die einzelnen Teile zusammenpassen, und du erlebst, wie jede Entdeckung dir neue Freude bereitet. Jahwe freut sich über deine Freude, denn die Freude, du selbst zu sein, ist ein Abbild von Gottes unendlicher Grösse.

Ich segne dich, Kind Jahwes, den Bund, zu dem dich Gott berufen hat, in seinem ganzen Umfang auszuleben.

_____, ich segne dich im Namen des Vaters, des Sohnes und des Heiligen Geistes.

Tag 14 Der Gott der Treue

_____ , du von Gott Geliebte/r,

Im Namen Gottes, der treu und wahrhaftig ist, segne ich deinen Geist. Höre mit deinem Geist aufmerksam auf Gottes Wort für dich:

Denn ich will den Namen des Herrn verkünden: Gebt unserem Gott die Ehre! Er ist der Fels; vollkommen ist sein Tun; ja, alle seine Wege sind gerecht. Ein Gott der Treue und ohne Falsch, gerecht und aufrichtig ist er.
5. Mose 32,3-4

_____ , Gott hat dir bis heute Seine Treue erwiesen, und Er wird dir auch weiterhin treu bleiben. Ich segne dich, zu erkennen und zu erleben, wie Gott sich ganzheitlich und in aller Treue zu dir stellt. Er steht dir nicht nur treu zur Seite, wenn du Seine Hilfe oder Seinen Schutz brauchst. Er stellt sich vor allem auch treu zu deinem ureigensten Wesen, zu der Eigenart und Einmaligkeit deiner Persönlichkeit, denn Er hat diese geschaffen. Ich segne dich mit der ewigen Treue Gottes, die in deinem Leben zur Vollendung bringt, was Er vor Grundlegung der Welt geplant und in dir angelegt hat. Ich segne dich mit Philipper 1,6:

Ich bin ebenso in guter Zuversicht, dass der, der ein gutes Werk in euch angefangen hat, es vollenden wird bis auf den Tag Christi Jesu.

Und ich segne dich ebenso mit Philipper 2,13:

Denn Gott ist es, der in Übereinstimmung mit Seinen guten Absichten in dir das Wollen wie das Vollbringen wirkt. (frei aus dem Englischen)

_____ , ich segne dich mit Gottes Gnade, damit du die Dinge, die Er in dein Herz gelegt hat, nicht nur gut beginnen, sondern auch zum Ziel bringen kannst. Ich segne dich mit der Erfahrung Seiner

Treue, die dir die Gnade, das Verlangen und die Ausdauer schenkt, alle von Gott vorbereiteten Werke zu beginnen, durchzuführen und auch zu vollenden.

Da Gott nie ans Ende Seiner unerschöpflichen Vielfalt gelangt, segne ich dich, neue Seiten deiner Berufung zu erleben, die andere mit ähnlichen Berufungen weder erlebt haben noch erklären könnten. Gott möchte dir immer wieder neue Aspekte deiner Begabungen zeigen. Ich segne dich, Gottes Treue darin zu sehen, wie Er in dir und durch dich die Eigenschaften deiner Wesensart zur vollen Entfaltung bringt; Facetten, die bisher noch nicht in anderen Menschen mit derselben Veranlagung gesehen wurden.

Ich segne dich, Gottes Treue in deinen Beziehungen zu sehen. Diese waren und sind nicht immer nur einfach und schmerzlos. Dennoch segne ich dich, in jeder Beziehung, die Gott in deinem Leben zugelassen hat, Frucht sehen zu können. Ich segne dich, sowohl in schmerzhaften wie auch in lebensspendenden Beziehungen Gottes Treue zu dir erkennen zu können.

Ich segne dich, Gottes Treue in deiner finanziellen und materiellen Versorgung sehen zu können. Ich segne dich mit der Erkenntnis, dass jegliche Versorgung aus Gottes Hand kommt. Ich segne dich, jederzeit den Zusammenhang von Gottes Gnade und Grosszügigkeit und Seiner Treue zu dir sehen zu können, denn Er ist die Quelle all dessen, was du Tag für Tag empfängst.

Ich segne dich, weit über deine eigene Zufriedenheit hinauszuwachsen. Ich segne dich, deinen Mitmenschen zu dienen und darin Gottes Treue zu erleben. Ich segne dich mit der Freude zu entdecken, dass Gott aktiv in Begegnungen zwischen dir und anderen involviert ist. Er initiiert nicht nur Begebenheiten, sondern hält ebenso den richtigen Zeitpunkt dafür in Seiner Hand. Mögest du immer wieder neu erkennen können, dass Gott dir bereits vorausgegangen ist, um den Geist, den Willen und die Gedanken der Personen, denen du dienst, vorzubereiten.

Ich segne dich, Gottes Treue zu dir auch darin zu sehen, wenn dir Weisheit, Einsichten und Bibelworte geschenkt werden oder wenn du Erfahrungen machst, mit denen du jemand anderem weiterhelfen kannst. Ich segne dich, dass dein Geist stets mit frischem Manna gefüllt ist, denn Gott weiss, was du wann benötigen wirst. Es ist Ihm eine Freude, dich jeden Tag aufs Neue Seine Treue erfahren zu lassen.

_____ , du geliebtes Kind des ewig treuen Gottes, ich segne dich, deine Privilegien in Ihm zu erkennen. Ich segne dich, alles empfangen zu können, das Er dir in Seiner Treue geben möchte. Ich segne deinen Geist, die Fülle Seiner Treue zu erkennen, damit auch andere von deinen Quellen trinken und durch dich Gottes Treue schmecken und sehen können. Ich segne dich mit der

Ich segne dich mit der ewigen Treue Gottes, die in deinem Leben zur Vollendung bringt, was Er vor Grundlegung der Welt geplant und in dir angelegt hat.

Freude, deine Botschaft über die persönlich erlebte Treue Gottes an die nächste Generation weiterzugeben. Ich segne dich, anderen die empfangenen Gaben weiterzugeben und ihnen dabei zu helfen, ihre Vorrechte als Gottes Kinder erkennen zu können. Ich segne dich, wo immer du dich aufhältst, ein Träger von Gottes Gegenwart zu sein, damit Menschen sich Seiner Treue mehr öffnen, Ihm mehr Glauben schenken und beginnen, neue Seiten der Treue Gottes in ihrem eigenen Leben zu entdecken.

Es ist Gottes Bestimmung und Berufung für dich, deinen Mitmenschen bislang unerkannte Seiten Seines Wesens zu zeigen. Dies wird ihr Gottesverständnis nicht nur bereichern sondern auch vertiefen. Ich segne dich, die Treue Gottes persönlich zu kennen und denjenigen zu offenbaren, die wohl an einen theologischen Gott glauben, doch Gottes Treue nie persönlich und bewusst erlebt haben.

Ich segne dich im Namen des Vaters, des Sohnes und des Heiligen Geistes.

Tag 15 *Gott aller Götter*

_____ , Geliebte/r Gottes, Kind des Gottes aller Götter,

Im Namen Gottes, dem Gott aller Götter, lade ich deinen Geist ein, aufzumerken. Höre auf Sein Wort für dich:

Denn der Herr, euer Gott, ist der Gott aller Götter und der Herr über alle Herren, der grosse Gott, der Mächtige und der Schreckliche, der die Person nicht ansieht und kein Geschenk nimmt und schafft Recht den Waisen und Witwen und hat die Fremdlinge lieb, dass er ihnen Speise und Kleider gibt.

5. Mose 10,17-18

In Seiner Majestät, Würde und Macht und in Seiner unbeschreiblichen Herrlichkeit als Gott aller Götter und Herr aller Herren kümmert sich Gott um dich, _____ , denn du bist ein Abbild Seiner selbst. Du bist ein Ausdruck Seiner unendlichen Grösse und Seiner erhabenen Majestät.

Du widerspiegelst Seine Grossartigkeit.

Du widerspiegelst Seine Grossartigkeit, denn Er hat dich im Leib deiner Mutter gebildet. Obwohl vor dir schon Milliarden von Menschen gelebt haben, bist du einmalig und einzigartig. Du bist berufen und begabt Dinge zu tun, die niemand sonst auf dieser Welt tun kann. Gott hat Facetten Seines eigenen Wesens in dich gelegt, die niemand sonst auf dieser Welt repräsentiert.

_____ , Kind des Gottes aller Götter, ich segne dich, Seine Wesenszüge in deinem Leben zu widerspiegeln und wie ein Licht die verschieden Facetten zu beleuchten und sichtbar zu machen. Falsche Götter zerstören und imitieren, nur der wahre Gott kann sich selbst offenbaren und bekannt machen. Mit deinen wunderbaren Gaben, mit der Berufung und der Salbung auf deinem Leben, wirst du sowohl angesehenen als auch verachteten Menschen begegnen. Egal ob du es mit den Hochangesehenen oder den Geringgeachteten zu tun hast, sie werden in deinem Leben verschiedene Seiten der Grösse und Pracht Gottes, der kein Ansehen der Person kennt, erkennen.

Kind des Gottes aller Götter, ich segne deinen Geist, Gott, der kein Ansehen der Person kennt, zu erkennen und Ihn durch dein Denken, Handeln und Wandeln zu repräsentieren. So wird die Welt in dir Recht und Gerechtigkeit sehen. Sie wird in dir einem Menschen begegnen, der in so tiefem Einklang mit diesem unparteilichen Gott lebt, dass er weder durch gesellschaftlichen Druck noch durch den Zeitgeist beeinflusst oder von seiner Berufung abgelenkt wird. Ich segne dich, diese Unvoreingenommenheit barmherzig und achtsam auszuleben, egal wem du begegnest. Ich segne deinen Geist und deine Seele, diese Unparteilichkeit mit göttlicher Anteilnahme zum Ausdruck zu bringen, anstatt stur und hart durchzugreifen, denn so ziemt es sich für ein Kind Gottes, das den Gott aller Götter repräsentiert.

Ich segne deine Begegnungen mit den Einflussreichen dieser Welt, damit diese sich den Dimensionen Gottes bewusst werden. Ich segne dich, dass Gottes Gegenwart in dir viele Menschen dazu veranlasst, sich der Kraft Gottes unterordnen zu wollen. Du bist ein Repräsentant von Gottes Macht und Stärke, weil Er in dir ist und du in Ihm. Ich segne dich zu erleben, wie menschliche Macht und Stärke sich dem Gott aller Götter, der in dir lebt, unterordnet.

Ich segne dich aber ebenso, diejenige Seite von Gottes Macht auszuleben, die sich in sorgfältigem, liebevollem Umgang mit den Schwachen und Zerbrochenen, den Verletzten und Verunsicherten dieser Welt zeigt. Ich segne dich, durch deinen Lebenswandel den Menschen das Erbarmen und die Barmherzigkeit des Gottes aller Götter zu zeigen, denn du bist aus Ihm geboren und nach Seinem Wesen geschaffen. Er selbst hat verheissen, den glimmenden Docht nicht auszulöschen und das geknickte Rohr nicht zu zerbrechen.

Ich segne dich im Namen des Vaters, des Sohnes und des Heiligen Geistes.

Tag 16 *El Shaddai*

_____ , du von Gott Geliebte/r,

Im Namen von El Shaddai, dem allmächtigen Gott, in dem volle
Genüge ist, lade ich deinen Geist ein, aufmerksam zuzuhören. Empfange
Seinen Segen und Sein Wort für dich:

*Gott, der Allmächtige [El Shaddai], segne dich und mache dich frucht-
bar und vermehre dich, dass du zu einer Schar von Völkern werdest.*

1. Mose 28,3

_____ , der allgenügsame Gott hat dich aus Seinem We-
sen und Seiner endlosen Fülle heraus geschaffen und beschenkt. Du bist
ein von Ihm begabter, befähigter und gesalbter Mensch. Die Fähigkeiten,
mit denen Gott dich für dein Leben ausgestattet hat, entspringen Seiner
Unendlichkeit. Dennoch beruft dich Gott auch in Aufgaben, die um vieles grösser sind, als was du durch deine Fähigkeiten und Talente bewirken könntest. Gott ruft dich in Situationen, die du menschlich gesehen
gar nicht zu lösen vermagst, obwohl du deinen Mitmenschen und deiner Kultur um Vieles voraus bist. Bedenke deshalb, Gott ruft dich als El
Shaddai, als der Gott, der dich allezeit in allem mit allem versorgen wird.
Er ruft dich als der Allmächtige, der Allgenügsame, der Allgewaltige und
als der Allgegenwärtige, der ganz genau weiss und versteht, wozu Er dich
berufen hat.

In deinem Leben wirst du vieles durch die Begabungen, die Gott dir
aus Seinen unendlichen Quellen gegeben hat, lösen und bewältigen können. Wenn du deine von Gott gegebenen Fähigkeiten gebrauchst, sie lebensspendend einsetzt und Menschenleben berührst, wirst du Erfüllung
und Genugtuung erfahren und Frucht sehen. Doch während du das tust
und dich daran erfreust, spürst du in der Tiefe deines Geistes, dass Gott
dich nicht zum Dienst am einzelnen Menschen, sondern an ganzen Men-

schengruppen berufen hat. Die Fähigkeiten, die Gott dir von Seinem eigenen Wesen und Charakter gegeben hat, sind bei weitem mehr als genug, um Leben zu unzählig vielen Menschen zu bringen. Im Laufe deines Lebens wird Gott dich zu einem Ältesten heranwachen lassen, der sich um die grossen Herausforderungen einer ganzen Bevölkerungsgruppe zu kümmern hat. Er hat dich dazu berufen, eine ganze Gemeinschaft in die Wiederherstellung zu führen. Die Herausforderung deines Lebens ist deshalb die Versuchung, dich mit dem begnügen zu wollen, was dir Lob und Bestätigung einbringt, weil du es so ausserordentlich gut kannst, anstatt dich nach der Fülle deiner Berufung auszustrecken..

In dieser grösseren Aufgabe, zu der Gott dich berufen hat, wirst du allerdings nicht bejubelt oder gerühmt werden. Niemand wird dich bestätigen oder dich ermutigen, man wird dir vielmehr sagen, dass du besser die Finger davon lassen solltest. Man wird versuchen, dich zu überzeugen, dass du dir an dieser Herausforderung unnötigerweise die Zähne ausbeissen und trotzdem keine Lösung zustande bringen wirst. Das ist auch wahr, ausser du wirst mit El Shaddai zusammenarbeiten. Gott möchte, dass du zwei ver-

Die Herausforderung deines Lebens ist deshalb die Versuchung, dich mit dem begnügen zu wollen, was dir Lob und Bestätigung einbringt, weil du es so ausserordentlich gut kannst, anstatt dich nach der Fülle deiner Berufung auszustrecken.

schiedene Seiten von El Shaddai kennst: Es ist gut und wunderbar, dass du deine Fähigkeiten förderst und entfaltest, denn sie sind Gottes Geschenk an dich. Doch noch viel besser ist es, wenn die übernatürliche Kraft und das Wesen El Shaddais, des Allmächtigen, des Allgenügsamen durch dich hindurchfliessen und wenn du als Ältester Leben zu einer ganzen Menschengruppe und nicht nur zu einzelnen Menschen bringst.

_____, du von Gott Geliebte/r, dein Himmlischer Vater sagt zu dir, dass Er dich immer wieder in solche Situationen führen wird.

Gott hat das Wissen um diese Aufgabe in die Tiefe deines Geistes gelegt. Er weiss, dass du sie kritisch und genau betrachten und sorgfältig prüfen wirst. Er weiss, dass du manchmal versuchst, deine Berufung abzuschütteln und loszuwerden, und dich ihr trotzdem nicht entziehen kannst. Er ist sich bewusst, dass du manchmal auch versagen wirst. Sowohl Menschen als auch der Feind werden dir immerzu einreden, dies sei eine unlösbare Herausforderung, von der du die Finger lassen solltest.

Dieser Lüge, die der Feind verbreitet und dieser scheinbar unlösbaren Herausforderung, in der sich die Gesellschaft befindet, stelle ich den Namen El Shaddai gegenüber. Ich spreche ihn als Segen über dir aus. Der Allmächtige hat dich erschaffen, berufen und für diese Aufgabe auserwählt, befähigt und trainiert. Ich segne dich, jeden Tag deines Lebens in Seiner Kraft, die zu dir und durch dich fliesst, zu laufen. Sei gewiss, Er hat dich für diesen Zeitpunkt berufen und vorbereitet!

Ich segne dich zu erfahren, wie die Kraft und der Sieg des Allmächtigen dich dazu befähigt, das zu vollbringen und zu heilen, wovon die Welt sagt, dass es unmöglich und unheilbar ist.

Ich segne dich, du herrliches und geliebtes Kind des Allmächtigen, dass die Kraft dieses Namens Gottes durch dein Leben auf eine neue Art und Weise sichtbar gemacht wird. Die Schrift sagt, dass wir den Namen Gottes nicht missbrauchen sollen. Das beinhaltet natürlich auch, dass es eine angemessene Art gibt, Gottes Namen anzurufen, ebenso gibt es für jede Situation einen Namen Gottes, der zu ihr passt. Diese herausfordernde Berufung, die Gott auf dein Leben gelegt hat, liegt tief in Seinem Namen El Shaddai verwurzelt. Dieser Lüge und Verwundung, die der Feind so vergrössert und verstärkt hat, stellt der Allmächtige triumphierend die Allmacht Seines Namens entgegen. Der Allgenügsame Gott ist mehr als genug zur Heilung der Volksgruppe, zu der Er dich berufen hat und auch für dich selbst, du gesegnetes Kind des Allmächtigen.

Ich segne dich im Namen des Vaters, des Sohnes und des Heiligen Geistes.

Tag 17 *Herr der Heerscharen*

_____ , geliebtes Kind des Allerhöchsten Gottes,

Ich lade deinen Geist im Namen des Herrn der Heerscharen ein, aufmerksam zuzuhören.

Und David antwortete dem Philister: Du kommst zu mir mit Schwert, Lanze und Kurzschwert. Ich aber komme zu dir mit dem Namen des Herrn der Heerscharen, des Gottes der Schlachtreihen Israels, den du verhöhnt hast.
1. Samuel 17,45

Herr Zebaoth, Herr der Heerscharen, ist der Name Gottes, den David gebrauchte, als er dem militärischen und geistlichen Angriff Goliaths gegenübertrat.

Es ist Gottes Absicht und Wunsch, durch eine Gemeinschaft von Menschen zu handeln. Doch manchmal ist eine Gemeinschaft in einem so desolaten Zustand und so meilenweit davon entfernt, etwas über Gott zu wissen, geschweige denn Sein Herz zu kennen, dass sie schlicht unfähig ist, sich Gottes Berufung zu stellen und diese auszuleben. Darum ruft Gott von Zeit zu Zeit einzelne Menschen heraus, die Ihn persönlich kennen. Diese Menschen kennen den Herrn der Heerscharen und verlassen sich einzig und allein auf Ihn. Deswegen sind sie berufen, im Namen des Herrn der Heerscharen, an Stelle ihres Volkes, über die Feinde Gottes Gerichtsworte auszusprechen. Dies war auch zu Zeiten Davids der Fall.

David sagte zu Goliath, dass ihn Gott in seine Hand ausgeliefert habe und er ihn deshalb besiegen würde. Gott wird dich im Laufe deines Lebens in vergleichbare Situationen rufen. David war der König eines Volkes, er war der Führer der ‚Helden Davids‘. In seinem Leben durchlief er verschiedene Gemeinschaftsphasen. Er war mit den unterschiedlichsten Menschen verbunden, die ihm dienten und mit denen er zusammenarbeitete. Doch es gab auch Lebensabschnitte, in denen er alleine dastand und einzig mit dem Herrn der Heerscharen verbunden war, während er Gericht über die Feinde und Befreiung für das Volk Gottes zu verkünden hatte.

_____, ich segne dich, den Herrn der Heerscharen immerzu besser verstehen zu lernen. Ich segne dich mit massgeschneiderten Erfahrungen, wie nur Gott sie schaffen kann. Ich segne dich, den Herrn der Heerscharen so kennenzulernen und zu erfahren, wie der junge David Ihn in den Entbehrungen der Wüste und Einöde erlebt hat. In ganz persönlichen Lektionen, weit ab von menschlicher Gemeinschaft, lernte er sich ausschliesslich auf Seinen Gott zu verlassen und von Menschen unabhängig zu wandeln

> *Wenn die Gemeinschaft dem Ruf Gottes nicht folgt, sollst du in deiner Beziehung mit dem Herrn der Heerscharen so felsenfest verankert sein, dass du auch als einzelne Person einen festen Stand einnehmen kannst.*

und zu handeln. Ich segne dich, wie David zu sein, wenn du ganz auf dich alleine gestellt bist, weil die Gemeinschaft versagt, Gottes Auftrag zu gehorchen. Und ich segne dich auch, nach einem solch aussergewöhnlichen, herausfordernden und einsamen Autoritätsakt wieder deinen Platz in der Gemeinschaft zu finden.

_____, ich segne dich, sowohl in Gemeinschaft zu leben und zu wirken als auch einsame Wegabschnitte gehen zu können, je nachdem was Gottes jeweilige Absicht für dich gerade ist. Doch wenn die Gemeinschaft dem Ruf Gottes nicht folgt, sollst du in deiner Beziehung mit dem Herrn der Heerscharen so felsenfest verankert sein, dass du auch als einzelne Person einen festen Stand einnehmen kannst. Eng mit dem Herrn der Heerscharen verbunden, sollst du wie David im Namen des Herrn Zebaoth Gottes Gericht über die Mächte und Gewalten aussprechen, um den Widersacher öffentlich zur Schau zu stellen. (Kolosser 2,15).

Unsere christlichen Lehrbücher enthalten keine Anleitungen, wie man sich auf solche Extremsituationen vorbereiten könnte. Es gibt auch keine starre Formel dafür, wie wir unseren Geist trainieren können, dermassen sensibel und fein abgestimmt auf den Geist des Herrn Zebaoth zu reagieren, damit wir unangekündigt und hundertprozentig die Stimme des Herrn der Heerscharen erkennen können. Ich segne dich, die einzigartige und aussergewöhnlich persönliche Schule des Herrn Zebaoth zu durchlaufen. Ich segne dich, von Ihm gelehrt, trainiert und auf diesen einen Augenblick oder auf mehrere Momente in deinem Leben vorbereitet zu werden, wenn du den Platz einer Gemeinschaft einnehmen musst, weil diese es versäumt hat, dem Ruf Gottes zu folgen. Ich segne dich, die göttliche Ordnung in der unsichtbaren Welt wieder herzustellen, weil du den Fürst über das Heer des Herrn kennst und in Seinem Dienst stehst. Ich segne dich, du geliebtes Kind des Allmächtigen, du gewaltiger Krieger.

Du Kind des Allerhöchsten Gottes, ich segne dich, deine Bestimmung in Gemeinschaft mit andern, und wenn nötig auch alleine, zu erfüllen.

Ich segne dich im Namen des Vaters, des Sohnes und des Heiligen Geistes.

Tag 18 *Abba Vater*

_____, Du von Gott Geliebte/r,

Im Namen Gottes, Abba Vaters, lade ich deinen Geist ein, sich zu öffnen und auf Gottes Wort für dich zu hören:

Weil ihr nun Söhne seid, hat Gott den Geist seines Sohnes in eure Herzen gesandt, der ruft: Abba, Vater!   Galater 4,6.

Gott wünscht sich, dass du Ihn im Laufe deines Lebens auf vielfältigste Art und Weise kennenlernst. Zu den grundlegenden Fundamenten deiner Gottesbeziehung gehört jedoch, dass du Ihn als Vater kennen lernst. Er wünscht sich, dass du eine herzliche und vertraute Beziehung zu Ihm als Vater hast und dass du deine Rechte als Kind Gottes kennst. Der Vers im Galaterbrief besagt, dass Gott dir Seinen Geist sendet und dass dieser in dir „Abba Vater" ruft, schon bevor du dies selbst tun kannst.

Es gibt mehr und weniger begabte Väter. In ihrer Unvollkommenheit widerspiegeln sie Gottes Vaterschaft nur bruchstückhaft oder auch gar nicht. Gerade deshalb segne ich dich mit dem herrlichen Werk des Geistes der Sohnschaft, der deinen Geist lehrt, wie du dem Himmlischen Vater vertrauen kannst, auch dann, wenn du von irdischen Vätern verraten und verletzt worden bist.

Ich segne dich, in deiner Beziehung zum Himmlischen Vaters Sicherheit und Freude zu erleben. Ich segne dich, in der Tiefe deines Geistes die Freude und Wonne auf dem Angesicht des Vaters zu erkennen, wenn du dich Ihm zuwendest, wenn du die Hektik des Alltags hinter dir lässt, um wie ein kleines Kind in die offenen Arme deines Vaters zu rennen. Ich segne dich, kontinuierlich in der vielfältigen Unterweisung des Geistes der Sohnschaft zu bleiben, der dir und deinen

Generationenlinien tiefe Heilung zuteil werden lässt. Ich segne dich, die Freude, die Geduld, die Weisheit, die Freundlichkeit, die Kreativität und den Humor des Himmlischen Vaters fortlaufend von neuen Seiten kennenzulernen.

_____, der Name Abba Vater steht zuallererst für Sicherheit und Geborgenheit.

Ich segne dein Empfinden von Geborgenheit und Annahme, damit es sich in der Beziehung zu deinem Himmlischen Vater voll entfalten kann, vor allem da, wo dein irdischer Vater oder Vaterfiguren in deinem Leben dir keine Sicherheit gaben oder sogar deine Grenzen missachtet und überschritten haben. Ich segne dich, in ein tiefes Vertrauen zu deinem Himmlischen Vater hineinzuwachsen. Das kann nur dann geschehen, wenn wir auch Sein Herz, nicht nur Seine Macht, kennen. Gott hat dich

Ich segne dich, in der Tiefe deines Geistes die Freude und Wonne auf dem Angesicht des Vaters zu erkennen, wenn du dich Ihm zuwendest.

berufen, im Laufe deines Lebens anderen Sein Vaterherz zu offenbaren. Ich segne dich, dabei aus dem Vollen zu schöpfen, weil du selber fortlaufend neue Seiten deines Himmlischen Vaters erkennen kannst. So wird das Bild von Ihm, das du an eine bedürftige Welt weitergibst, unendlich reich und vielfältig sein.

_____, ich segne dich, den Vater in einer ganzheitlichen Art und Weise zu kennen, Ihn in einer säkularen ebenso wie einer geistlichen Umgebung erleben zu können und so die Grenze zwischen diesen beiden Welten aufzuheben. Ich segne dich mit tiefem Vertrauen, mit Geborgenheit, Freude und Sicherheit in Abba Vater, egal ob du dich in der Kirche, am Arbeitsplatz oder Zuhause aufhältst und unabhängig davon, ob du durch schmerzliche oder durch fröhliche Zeiten gehst.

Ich segne dich, die Erkenntnis und die innige Freundschaft mit Abba Vater nicht nur für dich selbst, sondern für dein gesamtes Umfeld auf eine neue Ebene und in neue Dimensionen zu bringen.

Ich segne dein ganzes Sein und Werden. Ich segne dich, die Liebe deines Himmlischen Vaters zuzulassen und anzunehmen, auch nachträglich noch für jeden Moment, in dem es dir in der Vergangenheit an Vaterliebe gemangelt hat.

Ich segne das Werk, das der Geist der Sohnschaft in dir vollbringt. Möge Er ein vollkommenes Werk in dir tun, damit sich der liebliche Duft deines Seins verströmt. Die Fülle dieses Wohlgeruchs kann sich nur in denen entwickeln, die sich an der Vaterliebe Gottes gelabt und dadurch Heilung und Wiederherstellung erfahren haben.

Ich segne dich, Abba Vater zu feiern, indem du in deinem Umfeld ein ansteckendes Beispiel dafür bist, was es heisst, vom Geist der Sohnschaft gesättigt und gestillt worden zu sein.

Ich segne dich, geliebtes Kind, im Namen des Vaters, des Sohnes und des Heiligen Geistes.

Tag 19 **Urewiger Gott**

_____ , du von Gott Geliebte/r,

Im Namen unseres Gottes, des Urewigen, der von Ewigkeit zu Ewigkeit war, ist und bleibt, lade ich dich ein, mit deinem Geist auf Gottes Wort zu hören.

Ich schaute, bis Throne aufgestellt wurden und einer, der alt war an Tagen, sich setzte. Sein Gewand war weiss wie Schnee und das Haar seines Hauptes wie reine Wolle, sein Thron Feuerflammen, dessen Räder ein loderndes Feuer. Ein Feuerstrom floss und ging von ihm aus. Tausend mal Tausende dienten ihm, und zehntausend mal Zehntausende standen vor ihm. Das Gericht setzte sich, und Bücher wurden geöffnet. [...] Aber die Heiligen des Höchsten werden das Reich empfangen, und sie werden das Reich besitzen bis in Ewigkeit, ja, bis in die Ewigkeit der Ewigkeiten. [...] Ich sah, wie dieses Horn gegen die Heiligen Krieg führte und sie besiegte, bis der, der alt an Tagen war, kam und das Gericht den Heiligen des Höchsten gegeben wurde und die Zeit anbrach, dass die Heiligen das Königreich in Besitz nahmen. Er sprach so: Das vierte Tier bedeutet: Ein viertes Königreich wird auf Erden sein, das von allen anderen Königreichen verschieden sein wird. Es wird die ganze Erde auffressen und sie zertreten und sie zermalmen. Und die zehn Hörner bedeuten: Aus diesem Königreich werden sich zehn Könige erheben. Und ein anderer wird sich nach ihnen erheben, und dieser wird verschieden sein von den vorigen, und er wird drei Könige erniedrigen. Und er wird Worte reden gegen den Höchsten und wird die Heiligen des Höchsten aufreiben; und er wird danach trachten, Festzeiten und Gesetz zu ändern, und sie werden in seine Hand gegeben werden für eine Zeit und zwei

Aber die Heiligen des Höchsten werden das Reich empfangen, und sie werden das Reich besitzen bis in Ewigkeit, ja, bis in die Ewigkeit der Ewigkeiten.

Zeiten und eine halbe Zeit. Aber das Gericht wird sich setzen; und man wird seine Herrschaft wegnehmen, um sie zu vernichten und zu zerstören bis zum Ende. Und das Reich und die Herrschaft und die Grösse der Reiche unter dem ganzen Himmel wird dem Volk der Heiligen des Höchsten gegeben werden. Sein Reich ist ein ewiges Reich, und alle Mächte werden ihm dienen und gehorchen. Daniel 7,9ff

_____ , Kind des Urewigen, das ist deine Berufung. Du bist berufen, dem Urewigen, der auf dem Thron sitzen und Recht sprechen wird, zu dienen. Seine Rechtssprechung wird nicht nur den Sieg über den Feind vollziehen, sondern Seinen Kindern, den Heiligen, auch die Schätze des Feindes übergeben, damit sie darüber herrschen.

_____ , ich segne dich, die Grösse und die Vollmacht des Ewigen Gottes bis an die äussersten Grenzen unseres limitierten, menschlichen Verstandes zu erkennen, aber auch und noch viel tiefer mit deinem Geist zu ergründen. Ich segne dich, die Stellung und die Vollmacht zu verstehen, die dir durch deine Beziehung mit dem Ewigen Gott gegeben

> *Ich segne dich, dich selbst so zu sehen, wie der Ewige dich sieht: Du bist ein Erbe der Autorität, die den Heiligen übergeben wird.*

ist. Er ist der Gott, der von Ewigkeit zu Ewigkeit war, ist und bleibt. Er ist der ewig seiende Gott, der bereits war, bevor die Zeit begann. Er ist der Ursprung alles Lebens und der Schöpfer von allem, was ist. Er ist grossartiger, hervorragender und bedeutender als alles, was Er jemals erschaffen hat!

Ich segne dich zu erfassen, dass der Ewige Gott, der ohne Anfang und Ende ist und der Satan als Seinen Feind bezeichnet, dich liebt. Ich segne deinen Geist zu erkennen, dass du in Christus ein Erbe grösster Autorität bist. Ich segne dich zu verstehen, wie sehr sich Gott nach dem Tag sehnt, an dem die Throne aufgestellt werden und Er sich auf Seinem Thron setzen und über Seine Feinde zu Gericht sitzen wird.

_____, schau nicht auf die Umstände! Es wird Zeiten geben, in denen der Feind scheinbar überwiegt, in denen es aussieht, als würde Gott nicht intervenieren. Doch ich bitte dich, richte gerade dann deinen Geist auf den Ewigen Gott aus! Er überschaut und kontrolliert von Ewigkeit her und bis in alle Ewigkeit die Zeiten, in denen Er Satan erlaubt zu tun, als hätte dieser die Macht. Doch sei gewiss, du bist in der Hand des Ewigen Gottes, Er behütet dich wie Seinen Augapfel. Er hat Acht auf dich und sorgt für dich. Er segnet und trainiert dich, im Leben zu herrschen und zu triumphieren, anstatt die feindlichen Angriffe nur knapp zu überstehen. Schritt für Schritt leitet Er dich an, Herrschaft im Leben auszuüben.

Ich segne dich _____, Ich segne dich, deinen Blick weit über jedes gegenwärtige oder zukünftige Werk des Feindes zu erheben und fest auf Jesus zu richten. Ich segne dich, dich selbst so zu sehen, wie der Ewige dich sieht: Du bist ein Erbe der Autorität, die den Heiligen übergeben wird. Ich segne dich, grösser zu denken als nur in irdischen Raum- und Zeitdimensionen und zu erkennen, dass der Gott der Ewigkeiten nicht nur das erste Kapitel der Menschheitsgeschichte geschrieben hat, sondern auch das letzte. In diesem letzten Kapitel wirst du von Bedrängnis frei sein und Autorität und Herrschaft ausüben. Ich segne deinen Geist, sich über die alltäglichen Hindernisse zu erheben und die wahre Bedeutung deines Erbes zu erkennen.

Ich segne dich, _____, du herrliches, vielgeliebtes Kind des Ewigen Gottes. Ich segne dich zu sehen, wer du in Seinen Augen bist und dein Erbe und deine Berufung zu erkennen. Ich segne dich, weit über Zeiten hinauszusehen, in denen der Feind vorübergehend die Macht zu haben scheint.

Ich segne dich im Namen des Vaters, des Sohnes und des Heiligen Geistes.

Tag 20 **Gott des Lebensgeistes aller Menschen**

_____ , Geliebte/r Gottes,

Höre mit deinem Geist auf Gottes Wort für dich.

Der Herr sei mit deinem Geist! Die Gnade sei mit euch! Amen.
2. Timotheus 4,22

Sie fielen aber auf ihr Angesicht und sprachen: Ach Gott, der du bist der Gott des Lebensgeistes für alles Fleisch.   4. Mose 16,22

Ich segne dich, _____ , im Namen Gottes, der allem was lebt den Lebensgeist gibt. Dein Himmlischer Vater ist der Gott des Lebensgeistes aller Menschen. Der Herr, der die Himmel ausbreitete und die Fundamente der Erde legte, schafft ebenso den Geist jedes einzelnen Menschen. Er weckt und belebt den Geist des Menschen, lehrt ihn und lässt ihn gedeihen und erstarken, damit dieser die Lebensführung übernehmen kann. Ich segne deinen Geist mit der festen Gewissheit, dass Gott dir das Leben gegeben hat, dass Seine unfehlbare, unermüdliche Liebe und Fürsorge dir gilt und dass Er über deinem Leben wacht, wie dies Hiob bezeugte:

Leben und Gnade hast du mir gewährt, und deine Fürsorge bewahrte meinen Geist.   Hiob 10,12

Höre mit deinem Geist weiter auf Gottes Wort für dich:

Wer aber dem Herrn anhängt, ist ein Geist mit ihm.   1. Korinther 6,17

Jesus betete für dich, dass du in Ihm und im Vater bist, genau wie Er im Vater und der Vater in Ihm ist. Er betete, dass auch dir die Herrlichkeit zuteil wird, die der Vater Ihm gegeben hatte, damit du mit Ihm und dem Vater eins bist, wie Er und der Vater eins sind. (Johannes 17). Ich segne dich mit dieser Herrlichkeit Gottes. Ich segne das Einssein deines Geistes mit Ihm, denn dadurch kann Sein Leben durch deinen Geist zu anderen fliessen. Ich segne dich mit der Leidenschaft und

Dein Himmlischer Vater ist der Gott des Lebensgeistes aller Menschen. Er weckt und belebt den Geist des Menschen, lehrt ihn und lässt ihn gedeihen und erstarken.

dem brennenden Geist der Apostel, damit du mit demselben Eifer gewissenhaft und zutreffend von Jesus reden und lehren kannst. Ich segne dich mit Hingabe, damit du deinem Herrn, dem König der Könige, freudig dienen kannst und völlig eins mit Ihm bist.

Ich segne dich, die Stimme deines Geistes deutlich wahrnehmen und von der Stimme deiner Seele unterscheiden zu können.

Denn das Wort Gottes ist lebendig und kräftig und schärfer als jedes zweischneidige Schwert und dringt durch, bis es scheidet Seele und Geist, auch Mark und Bein, und ist ein Richter der Gedanken und Sinne des Herzens. Hebräer 4,12.

Ich segne dich, die Gedanken deines Geistes und die Gewohnheiten deiner Seele erkennen zu können. Ich segne dich, Lebensumstände durch die Augen deines Geistes sehen und beurteilen zu können und deinem Geist die Führung zu überlassen. Ich segne dich, mit Gleichgesinnten von Geist zu Geist Gemeinschaft zu pflegen und für Zeiten, in denen sich dein Geist bedrückt, mutlos und überfordert fühlt, segne ich dich mit Jesaja 57,15:

Denn so spricht der Hohe und Erhabene, der ewig wohnt, dessen Name heilig ist: Ich wohne in der Höhe und im Heiligtum und bei denen, die zerschlagenen und demütigen Geistes sind, auf dass ich erquicke den Geist der Gedemütigten und das Herz der Zerschlagenen.

Ich segne dich mit der Gewissheit, dass Gott den Weg kennt, den du gehst. Ich segne dich mit Psalm 34,19:

Der Herr ist nahe denen, die zerbrochenen Herzens sind, und die zerschlagenen Geistes sind, rettet er.

Ich segne dich mit dem Vertrauen, dass der Gott des Lebensgeistes des Menschen, dein Himmlischer Vater, dich hört, wenn du um Hilfe rufst. Sei gewiss, dass Er dir jederzeit nahe ist, denn Er hat verheissen, denen nahe zu sein, deren Geist erschöpft und bedrückt ist.

Ich segne dich mit Menschen, die deinen Geist erquicken und aufrichten, wie es in 1. Korinther 16,17-18 beschrieben wird:

Ich freue mich über die Ankunft des Stephanas und Fortunatus und Achaikus; denn sie haben mir euch, die ihr nicht hier sein könnt, ersetzt. Sie haben meinen und euren Geist erquickt. Erkennt solche Leute an!

Mögest auch du ein Mensch sein, von dem Erfrischung und Erquickung ausgeht. Ich segne deinen Geist mit Kraft, Liebe und Besonnenheit, denn Gott hat uns nicht einen Geist der Furcht gegeben. (2. Timotheus 1,7)

Ich segne dich, deinen Gott mit Geist, Seele und Leib, mit allem was du bist und hast zu verherrlichen, denn Er hat dich teuer erkauft. Lass deinen Geist für Gott singen, lass ihn den Herrn preisen, erheben und loben. Lass ihn Gott anbeten und sich jauchzend und jubelnd an Ihm erfreuen. Danke Gott dafür, dass Er dich erwählt hat und nimm dir Zeit, über die Wohltaten Gottes in deinem Leben nachzudenken. Ich segne dich, den Vater im Geist und in der Wahrheit anzubeten.

Ich segne dich im Namen Gottes, dem Gott des Lebensgeistes aller Menschen.

Tag 21 *Gott, der Vater unseres Geistes*

_____ , Geliebte/r Gottes,

Höre mit deinem Geist auf Gottes Wort für dich.

Die Gnade des Herrn Jesus Christus sei mit eurem Geist! Philemon 25

Höre mit deinem Geist gleich noch weiter auf Sein Wort für dich.

Ausspruch, Wort des Herrn über Israel. Es spricht der Herr, der den Himmel ausspannt und die Grundmauern der Erde legt und den Geist des Menschen in seinem Inneren bildet... Sacharja 12,1

Und ich werde euch ein neues Herz geben und einen neuen Geist in euer Inneres geben; und ich werde das steinerne Herz aus eurem Fleisch wegnehmen und euch ein fleischernes Herz geben. Hesekiel 36,26

Ich segne dich mit dem Wissen, dass dein Schöpfer und Himmlischer Vater deinen Geist geschaffen und geformt und ihm auch seine Wesensart und Eigenheiten gegeben hat. Um deinen Geist zu schaffen, hat Gott von Seinem Geist genommen, dein Geist ist Licht von Seinem Licht. Du bist daher eine absolut einmalige Repräsentation Gottes! Ich segne dich, deine Wesenzüge und die Schätze, die Gott in dir angelegt hat, im Verlauf deines Lebens mehr und mehr zu entdecken und zur vollen Entfaltung zu bringen. Je mehr du Gottes Charakter studierst, desto wacher wird dein Geist, um so mehr wirst du zu der Person, zu der dich Gott geschaffen hat. Ich segne dich mit dem neuen, weichen Herz und dem neuen Geist, den Gott dir schenken will.

Ich segne dich, durch die Vortrefflichkeit deines Geistes, durch die Erkenntnis und die Einsicht, die Gott in deinen Geist gelegt hat, einen Unterschied in der Welt zu machen. (Daniel 5.12; 6,4)

Ich segne dich mit Hiob 32,8: *Jedoch – es ist der Geist im Menschen und der Atem des Allmächtigen, der sie verständig werden lässt.*

Ich segne dich mit dieser göttlichen Verständigkeit. Ich segne dich auch mit 4. Mose 14,24:

Aber meinen Knecht Kaleb – weil ein anderer Geist in ihm war und er mir völlig nachgefolgt ist – ihn werde ich in das Land bringen, in das er hineingegangen ist; und seine Nachkommen sollen es besitzen.

Ich segne dich mit der Loyalität und Ernsthaftigkeit, die Kaleb in den Dingen Gottes hatte, damit Gottes Verheissungen auch in deinem Leben ungehindert fliessen können und du deinen Nachkommen ein reiches und vollständiges, geistliches Erbe weitergeben kannst.

Ich segne dich mit der ständigen Erneuerung deines Geistes, mit einem vorbildlichen Wandel in Wort und Tat, in Liebe, Glauben und Reinheit. Ich segne dich mit der Gewissheit, dass du mit Gottes Worten erfüllt bist, damit du diese erwartungsvoll aussprichst, wenn dich dein Geist dazu drängt, wie es in Hiob 32,18 beschrieben ist:

Denn erfüllt bin ich mit Worten; der Geist in meinem Innern bedrängt mich.

Ich segne dich mit einem Geist, in dem weder Trug noch Falschheit ist und der sich vertrauensvoll in die Hände des treuen Gottes befiehlt. Ich segne dich mit dem unvergänglichen Schmuck eines sanften und stillen Geistes, der seine Hoffnung ganz auf Gott setzt. Möge sich dein Geist Tag und Nacht nach Gott ausstrecken und Ihn und Seine Wege suchen. Ich segne dich, im Geist stark zu werden und mit Weisheit und Gnade von Gott erfüllt zu sein.

Ich segne dich im Namen des Vaters deines Geistes.

Anmerkungen

Bibelübersetzungen

Die Bibelzitate sind folgenden Übersetzungen entnommen:

Elberfelder Bibel, revidierte Fassung 1985:
Im zweiten Teil: Tage 1, 7, 14, 18, 19, 21, 22
Im dritten Teil: Tage 5, 8, 11, 12, 13, 14, 17, 19, 21

Luther Bibel, revidierte Fassung 1984
Im zweiten Teil: Tage 2, 3, 6, 7, 8, 9, 11, 14, 15, 16, 24, 29, 31, 33, 35, 36, 37
Im dritten Teil: Tage 2, 3, 4, 6, 7, 9, 10, 14, 15, 16, 20,

Schlachter Bibel, revidierte Fassung 2000
Im zweiten Teil: Tage 4, 5, 10, 12, 13, 17, 20, 23, 25, 26, 27, 28, 30, 32, 34, 38, 40
Im dritten Teil: Tage 1, 5, 18,

Fussnoten im Teil 2

[1] **Tag 1:** Dieses Wort bezeichnet im Hebräischen im Besonderen das Weben kostbarer Stoffe (Buntweberei, auch unter Benutzung von Gold- und Silberfäden). Kommentar aus Revidierte Elberfelder Bibel.

[2] **Tag 5:** Die Formulierung „Sein Sohn" kann etwas missverständlich sein. Sie ist in Anlehnung an den Bibeltext gebraucht worden, denn sie ist Gottes Anrede an alle, die an ihn glauben. Wir sind alle *„Söhne Gottes durch den Glauben in Christus Jesus"* (Römer 8, 14; Galater 3,26 u.a.). Das gilt für Söhne und Töchter gleichermassen, denn wir alle teilen uns das Erstgeburtsrecht, unabhängig vom Geschlecht, wenn Jesus unser Erlöser und Herr ist. Ebenso sind auch alle, die Jesus nachfolgen, die „Braut Jesu", egal ob Mann oder Frau. (Offenbarung 19,7).

[3] **Tag 8:** Anmerkung aus Strong's Concordance zur Wortbedeutung „Stärke": Gemeint ist: Sicherheit, Schutz, Zufluchtsort, sichere Burg. Stark sein, an Kraft zunehmen, überwinden.

[4] **Tag 31:** Wörtlich aus dem Englischen: Er gewährt denen, die Er liebt, den Schlaf.

[5] **Tag 31:** Anmerkung der Rev. Elberfelder: *Denn der Herr ist deine Zuversicht und bewahrt deinen Fuss vor der Falle* heisst wörtlich: *Denn der Herr ist an deiner Seite und bewahrt deinen Fuss vor der Falle.*

Autoren der Originaltexte

Arthur Burk:
Im zweiten Teil: Tage 1, 2, 3, 4, 6, 7, 8, 9, 11, 12, 13, 14, 15, 16, 17, 18, 19, 20, 21, 22, 23, 24, 25, 26, 27, 28, 29, 30,
Im dritten Teil: Tage 2, 4, 6, 9, 13, 14, 15, 16, 17, 18, 19

Sylvia Gunter
Im zweiten Teil: Tage 5, 10, 31, 32, 33, 34, 35, 36, 37, 38, 40
Im dritten Teil: Tage 1, 3, 5, 7, 8, 10, 11, 12

Sylvia Gunter und Debbie Sample:
Im zweiten Teil: Tag 39
Im dritten Teil: Tage 20, 21

Autoren

Arthur Burk studiert leidenschaftlich, die Prinzipien in Gottes Wort, die es uns ermöglichen, die Einzigartigkeit unserer Persönlichkeit und unserer Berufung ganzheitlich zu erkennen und zu entwickeln und zu den Menschen zu werden, als die wir von Gott geschaffen wurden. Wenn die Prinzipien aus Gottes Wort im Leben eines Menschen umgesetzt werden, kann Gottes Kraft die Zerbrochenheit unserer Vergangenheit heilen und Neues hervorbringen.

Arthur leitet *Sapphire Leadership Group*, ein Forschungsteam in Kalifornien.

Sylvia Gunter hat ihr Leben der Botschaft gewidmet, wer Gott ist und wer wir in Ihm sind. Ihr Herz schlägt dafür, dass Christen eine tiefe Beziehung zu ihrem liebenden Himmlischen Vater entwickeln und ihre Autorität in Christus kennenlernen. Die Vision ihres Dienstes ist gemäss Lukas 2,49 „im Hause des Vaters zu sein" und „die Dinge des Vaters zu tun". Sie hat mehrere Bücher zum Thema Gebet geschrieben. Das Buch *Prayer Portions* erschien in 135 Nationen.

Sylvia leitet *The Father's Business* in Birmingham, Alabama.

Weiterführende Informationen

Bei Sapphire Leadership Group Inc. sind viele weitere englischsprachige Titel erschienen, darunter zahlreiche weitere zur Thematik des menschlichen Geistes.

www.SapphireEurope.ch *(Informationen in deutsch)*
www.TheSLG.com *(Informationen in englisch)*

Wenn Sie mit uns Kontakt aufnehmen möchen, schreiben Sie uns an:
Freunde@SapphireEurope.ch *oder* **Friends@TheSLG.com**